Zu diesem Buch

Dieses anekdotenreiche und appetitanregende, liebevoll geschriebene Buch läßt eine mythische Epoche wieder lebendig werden, von der wir nun in mehr als einer Hinsicht zehren können: Für geistige Nahrung und für das leibliche Wohl wird hier in reichem Maße gesorgt, auch das Auge »schmaust« mit. Es spricht alle an, die ein Faible für die zwanziger Jahre, für Paris, die klassische Moderne haben und die gern schmökern – und nicht zuletzt alle, die sich auch mal an künstlerisch wertvolle Rezepte wagen.

Suzanne Rodriguez-Hunter stammt aus Oakland, Kalifornien, und arbeitet als freie Autorin.

Suzanne Rodriguez-Hunter

Rendezvous im literarischen Paris

Eine kulinarische Reise durch das Paris der zwanziger Jahre

Deutsch von Andrea Voss

rororo

Rowohlt

Die Originalausgabe erschien 1994
unter dem Titel »Found Meals of the Lost Generation«
im Verlag Faber and Faber, Boston
Die deutsche Erstausgabe erschien 1995
im Byblos Verlag, Berlin
Typographie und Satz Jürgen Neugebauer
Umschlaggestaltung Walter Hellmann
(Illustration: Mike Loos)

Veröffentlicht im Rowohlt Taschenbuch Verlag GmbH,
Reinbek bei Hamburg, August 1997

Druck und Bindung: Clausen & Bosse, Leck
Printed in Germany
1690–ISBN 3 499 13783 6

Dieses Buch ist meinen Eltern gewidmet.
Ich weiß, daß es Euch lieber gewesen wäre,
wenn ich – wie ursprünglich vorgesehen – Jura studiert hätte,
und doch habt Ihr meine Arbeit als Schriftstellerin stets
nach Kräften unterstützt. Dafür danke ich Euch.

Diners, Soireen, Dichter, sprunghafte Millionäre, Übersetzer,
Hummer, Absinth, Musik, Spaziergänge, Austern, Sherry, Aspirin,
Bilder, lesbische Erbinnen, Verleger, Bücher, Matrosen. Und wie!

HART CRANE AUF EINER POSTKARTE AUS PARIS 1929

Es gibt viele Arten zu essen; für manche bedeutet Essen Leben,
für andere bedeutet es Sterben, und dann gibt es die, denen die
Auseinandersetzung mit Essen das Gefühl gibt, lebendig
und weiterhin lebensfähig zu sein.

GERTRUDE STEIN

Solltest du als junger Mann das Glück gehabt haben, in Paris
zu leben, dann wird dich die Stadt für den Rest deines Lebens begleiten,
ganz gleich, wo du hingehst, denn Paris ist ein Fest fürs Leben.

ERNEST HEMINGWAY

Inhaltsverzeichnis

Einleitung

Rendezvous im literarischen Paris - ein Buch über die amerikanische Auswandererszene im Paris der zwanziger Jahre - ist ein Stück Sozialgeschichte mit Rezepten, eine Art eßbare Zeitmaschine. Jedes Kapitel ist einer Person gewidmet, die in der zeitgenössischen Literatur- oder Kunstszene eine wichtige Rolle spielte und schließt mit einem Zitat aus jener Zeit, das ein Mahl beschreibt, an dem die betreffende Person tatsächlich teilgenommen hat. Die angegebenen Rezepte im Stil der zwanziger Jahre ermöglichen es dem Leser, das jeweilige Mahl nachzukochen. Wenn er dann noch seine Phantasie zu Hilfe nimmt, wird er bald mit Hemingway auf der Ile St. Louis Steaks verschlingen, in Gertrude Steins Wohnzimmer beim feierlichen Teetrinken zu Gast sein, mit Sylvia Beach und James Joyce ein kaltes Souper genießen, bei den Follies backstage sitzen und mit Josephine Baker Hummer essen oder mit Isadora Duncan Champagner trinken können.

Auf die Idee, dieses Buch zu schreiben, kam ich in Paris, wo ich ein Jahr lang gelebt habe. Wie viele andere, die literarische Neigungen und eine Schwäche für die Exilanten mitbringen, trieb ich mich häufig am Montparnasse herum und suchte die Orte auf, wo damals die Legenden von heute geschaffen wurden. Ich trödelte vor dem uralten Gebäude, wo Ernest und Hadley Hemingway 1921 wohnten, direkt über dem bal musette. Und vor der Nummer 20 der rue Jacob machte ich den Hals lang, um über den Zaun einen Blick auf Natalie Barneys Temple à l'Amitié zu erhaschen. Im Café Select, wo Bob McAlmon und Kay Boyle so gerne abzustürzen pflegten, trank ich stundenlang Kaffee, oder ich stand vor der

Nummer 27 der rue de Fleurus und versuchte, mir Gertrude Steins Studio vorzustellen, wo die explosivsten Kunstwerke dieses Jahrhunderts die Wände zierten. Das machte alles einen Riesenspaß, aber irgendwie fehlte da was. Ich war eine Außenstehende, die nur zuschauen, aber nicht teilnehmen konnte. So sehr ich es mir auch wünschte, ich würde niemals eine Reise durch die Zeit machen und mit Man Ray und Kiki oder so die Stadt unsicher machen können. Damit hatte ich mich mehr oder weniger abgefunden, bis ich eines Tages zufällig eine Möglichkeit entdeckte, im Hier und Jetzt am Dort und Damals teilzunehmen.

In meinem guten, alten Stadtführer entdeckte ich unter anderem das Restaurant Au Pont Marie auf der Ile St. Louis, ganz in der Nähe meiner Wohnung. In den zwanziger Jahren hieß es noch Au Rendezvous-des-Mariniers und wurde von der reizenden Mme. Le Comte geführt. Bei den Amerikanern hatte es den Ruf, außerordentlich gutes und preiswertes Essen zu führen. John Dos Passos, Robert McAlmon, Sherwood Anderson, Harry Crosby und Virgil Thomson waren Stammgäste im Rendezvous.

Hemingway war dem Restaurant und seiner Inhaberin so zugetan, daß er sie beide in seinem Roman *Fiesta* erscheinen ließ. Eines Nachmittags lag ich am Quai, faulenzte vor mich hin und las das nunmehr fast siebzig Jahre alte Buch. Ich blieb bei der Stelle hängen, wo Jake Barnes und sein Freund Bill Brathähnchen essen und mit Mme. Comte herumalbern. Daraufhin schnappte ich mir einen Freund und entführte ihn ins ehemalige Rendezvous, wo wir Brathähnchen mampften und uns dabei über unsere Lieblingsfiguren in den Romanen Hemingways unterhielten. Nach dem Essen machten wir einen Spaziergang auf der Insel und traten dabei fast buchstäblich in die Fußstapfen von Jake und Bill.

Dieses Erlebnis war die Geburtsstunde von *Rendezvous im literarischen Paris*. Ich war überzeugt, daß es noch andere Schilderungen von Mahlzeiten der Exilanten geben müsse - erinnerte oder erdichtete -, also fing ich an zu suchen. Viele der Bücher waren schwer zu bekommen, einige waren schon lange vergriffen.

Aber es gab sie. Ich mußte sie nur finden, diese Mahlzeiten der verlorenen Generation. Und die, die ich fand, habe ich in meiner eigenen Küche neu erschaffen und mit meinen Freunden neu bevölkert.

Mit diesem Buch möchte ich folgendes bezwecken: meine Liebe zu dieser Epoche mit anderen teilen, sie wieder lebendig werden lassen, indem ich dem Leser die Menschen vorstelle, die sie zu dem machten, was sie war, ihm die Möglichkeit bieten, jene Zeit symbolisch nachzuempfinden - und selbst dabei Spaß zu haben. Ich denke schon, daß es mir gelungen ist, die ersten drei Ziele zu verwirklichen, und beim vierten bin ich mir verdammt sicher.

Ernest Hemingway hatte recht: Paris ist tatsächlich ein Fest fürs Leben. Viel Spaß und bon appétit!

Eine kurze Anmerkung zu den Rezepten

Ich habe die Rezepte der zwanziger Jahre so originalgetreu wie möglich wiedergegeben. Aus diesem Grunde wird von Küchenmaschinen, Mixern etc. keine Rede sein. Die Zutaten werden nicht einzeln aufgeführt, da dies in jener Zeit nicht üblich war.

Wann immer möglich, habe ich mich auf nachvollziehbare Quellen der zwanziger Jahre - plus/minus ein Jahrzehnt - bezogen und sie zusammen mit dem jeweiligen Rezept angegeben.

Sämtliche Rezepte sind für vier Personen gedacht, außer, wenn ausdrücklich eine andere Anzahl angegeben wird.

Die verlorene Generation

✻

Sie rebellierten gegen ihre Eltern, tanzten zu lauter, aufsehenerregender Musik, waren durch das Kriegsgeschehen desillusioniert, kokettierten mit Kokain, trieben die sexuelle Befreiung voran, trugen geometrische, mit Henna gefärbte Frisuren, liebten die abstrakte Kunst, schlossen sich Sekten an, bereisten mit Flugzeugen eine kleiner gewordene Welt, hatten schnelle Autos, dachten über ihre unterbewußten Beweggründe nach, lehnten jeglichen Konformismus ab und viele tranken zuviel Alkohol oder nahmen zu viele Drogen.

Man könnte meinen, es sei von den geburtenstarken Jahrgängen der sechziger Jahre die Rede, dabei handelt es sich um die Vertreter der Moderne, der ersten modernen Generation überhaupt. Die Altersgruppe, die um die Jahrhundertwende das Licht der Welt erblickte, ist uns heute als »Lost Generation«,* die verlorene Generation, bekannt.

Ihre Eltern hatten noch in einer völlig anderen, wesentlich langsameren Welt gelebt. Zu Beginn des Jahrhunderts waren Pferd

* Tatsächlich war es Gertrude Stein, die der jüngeren Generation diesen Namen gab. Anläßlich einer Eskapade Hemingways, die sie mißbilligte, sagte sie, »So seid ihr alle: ihr jungen Leute, die ihr im Krieg gedient habt. Ihr seid die verlorene Generation.« Die Aussage wäre vermutlich in Vergessenheit geraten, wenn Hemingway sie nicht aufgegriffen und auf dem Titelblatt seines Romans *Fiesta* zitiert hätte. Als sich das Buch zunehmender Beliebtheit erfreute, wurde der Begriff »Lost Generation« nach und nach zum stehenden Begriff.

und Eisenbahn die wichtigsten Transportmittel. Zwar gab es schon Autos, aber sie waren unzuverlässig, teuer und im Gebrauch unpraktisch, denn außerhalb der Städte gab es kaum gepflasterte Straßen und schon gar keine Tankstellen. Das Radio hatte man noch nicht erfunden. Telefon gab es bereits, aber es galt noch als Seltenheit und wurde, wenn überhaupt, dann nur beruflich genutzt. Das Modediktat schrieb Frauen bodenlange Röcke, Korsetts und hochgeschlossene Blusen vor, und zum Habitus des Mannes gehörte, auch in der Freizeit, der gestärkte Kragen, das steife Hemd, der dreiteilige Anzug und der unvermeidliche Hut. Das höchste Haus im Lande, das New Yorker Ivins Syndicate, hatte ganze neunundzwanzig Etagen vorzuweisen. Da die wenigsten Haushalte über Strom verfügten, las man seine Bücher beim flackernden Licht der Gaslampe. Gekühlte Eisenbahnwaggons gab es zwar bereits, aber die meisten funktionierten nicht richtig, so daß es auf dem Lande im Winter wenig oder überhaupt kein frisches Obst und Gemüse zu kaufen gab. Die meisten Häuser hatten noch Außentoiletten. Und ein Fünftel aller Kinder unter fünfzehn Jahren hatte schon einen zehnstündigen Arbeitstag zu bewältigen.

Die verlorene Generation erlebte den Beginn eines neuen Jahrhunderts sowie die zahllosen gesellschaftlichen Wandlungen, die es mit sich brachte: die Entstehung eines überaus zahlreich repräsentierten Mittelstandes, Reformbewegungen, der erfolgreiche Kampf um das Frauenwahlrecht, Freuds Thesen über das Unterbewußtsein, Margaret Sangers Kliniken für Geburtenregelung, die Erfindung des Flugzeugs, die wachsende Beliebtheit der Kinofilme und Filmstars, der neue Ruhm der Leistungssportler sowie die Einführung der Einkommenssteuer.

Und das Auto, natürlich. Als im Jahre 1908 das Model T auf den Markt kam, das sich fast jeder leisten konnte, dauerte es nicht lange, bis die Topographie Amerikas einen Wandel erfuhr: von heute auf morgen standen überall Tankstellen, und ebenso schnell wurden die Verbindungsstraßen zwischen den Städten und Dörfern gepflastert. Es wurde ein Autobahnnetz gebaut, das die Bundesstaaten automobilgerecht miteinander verknüpfte. In allen Städten gab es überfüllte Parkplätze, die Zahl der Autounfälle nahm zu, und wie Pilze im Frühlingsregen schossen überall Vororte aus dem Boden.

Wesentlich subtiler gingen die Veränderungen, die das Auto mit sich brachte, voran. Vor allem die jungen Leute waren davon betroffen. Die neue Geschwindigkeit und Beweglichkeit gaben ihnen Gelegenheit, dem wachsamen elterlichen Blick zu entfliehen. Sobald ihr Revier nicht mehr auf die häusliche Veranda beschränkt war, erweiterten sich auch die Grenzen ihrer Sexualmoral. Zwischen Greenwich Village und San José begaben sich die jungen Frauen auf die Suche nach sexueller Befreiung, und die jungen Männer zeigten sich bei diesem Anliegen gerne kooperativ.

Ende der zwanziger Jahre hatte die Jugendrevolte ihren Höhepunkt erreicht. Der wichtigste Faktor war wohl der besonders grausam geführte Erste Weltkrieg, der fast zehn Millionen Opfer forderte. Die Überlebenden, die Giftgas, verwesende Leichen, Zerstörung, Dreck und Elend ertragen hatten, fanden Amerika mit seiner puritanischen Weltanschauung und seinen Rotary Clubs befremdlich, als sie vom Kriegsschauplatz heimkehrten. »Zur Zeit ist mir Amerika ein totaler Greuel« , schrieb John Dos Passos 1917 in sein Kriegstagebuch. »Wenn ich mir den Lärm vorstelle, das bedeutungslose Gequassel seiner verlogenen Zungen, dann könnte ich mich vor lauter Ekel übergeben.«

Vielen Soldaten erschien die amerikanische Lebensweise nach ihrer Rückkehr völlig sinnentleert, so daß sie sich zurück nach Europa sehnten. Harry Crosby, der als Krankenwagenfahrer an der Front gedient hatte, erlebte das Nachkriegsamerika als öde und deprimierend:

»Rote Drugstores, Tankstellen, Raststätten, Abbiegezeichen, grelle Werbeflächen, und überall kriechen diese Autos herum, wie Ungeziefer über einen Kadaver. Eine helle Leere, eine frustrierte, desillusionierte Stimmung, und jede Menge unwichtiger Dinge und unbedeutender Menschen. Wie ich dieses Nachbarschaftsgetue verabscheue, mit seinen Städtebündnissen, seinen Boyscout-Clubs, seinem C.V.J.M., seinen Baptistengemeinden und seiner selbstgefälligen Zufriedenheit.«

»Das einzige, woran wir noch glauben konnten, war die Kunst«, schrieb Jahre später die Dichterin Bryher. »Wenn sie das Vakuum füllen sollte, welches das Chaos verursacht hatte, dann mußte sie revolutionär und neu sein. Sie mußte Worte finden, die nicht von Assoziationen aus dem neunzehnten Jahrhundert besetzt waren, Rhythmen, die eher zum Lärm von Maschinen als zum Klappern von Hufen paßte, und neue Farben, und, vor allen Dingen, eine kompromißlos ehrliche Haltung.«

Wo sollte man wohl das Neue suchen, wenn nicht in Paris, der Hauptstadt der Moderne? Der Kubismus Picassos und Braques, Diaghilews Ballett, Isadora Duncans befreiende Körpersprache, die Stromlinien der Skulpturen Brancusis, Erik Saties atonale Musik, Strawinskys dissonante Klänge, die radikalen Schriften von Stein und Joyce - es war alles aus Paris gekommen.

Also zog die verlorene Generation nach Paris, um dort das aufregendste künstlerische Feuerwerk des zwanzigsten Jahrhunderts mitzugestalten.

Einige wurden Musiker, und deshalb gibt es heute Gershwins *Ein Amerikaner in Paris*, Antheils *Ballet Mécanique*, Thomsons *Four Saints in Three Acts* und Porters *Paree, What Did You Do to Me?*

Andere wiederum wurden Dichter. Die frühen Werke e. e. cummings, Archibald MacLeishs, Langston Hughes' und Virgil Geddes' sowie die Alterswerke Hart Cranes und Harry Crosbys sind in Paris entstanden.

Zwei wurden Tänzerinnen: Isadora Duncan und Josephine Baker. Stilistisch waren sie vollkommen gegensätzlich, sind aber gleichermaßen zur Legende geworden.

Wieder andere wurden Journalisten, wie William Shirer, Janet Flanner, A. J. Liebling und Waverley Root, die alle Meister ihres Metiers waren.

Dann gab es die, die bildende Künstler wurden, und dieser Tatsache verdanken wir die Fotos und Filme Man Rays, die Gemälde Gerald Murphys sowie die frühen Bilder Stuart Davis', Jo Davidsons und Alexander Calders.

Aber vor allen Dingen gab es jene, die Schriftsteller geworden sind. Sie haben ungeheuer viel geschrieben; ein Großteil der bedeutenden amerikanischen Literatur dieses Jahrhunderts stammt aus jener Pariser Zeit: Hemingways *Fiesta* und *In einem anderen Land*, Fitzgeralds *Zärtlich ist die Nacht*, Dos Passos' *U.S.A.Trilogie*, Barnes' *Nachtgewächs*, Pounds *Cantos* und Steins *The Making of Americans*.

Auf den nun folgenden Seiten werden dem Leser viele dieser Menschen begegnen, die diese ausgelassene, übermütige und schöpferische Epoche in Paris verlebt haben. Er wird feststellen, daß es ein recht zusammengewürfelter Haufen war, der aus Groß- und Kleinstädtern, Armen und Reichen, Heteros und Homos bestand. Manche von ihnen hatten Harvard oder Princeton absolviert, während andere knapp die High School geschafft hatten. Die wenigsten waren nüchtern. Eine davon, Natalie Barney, erlangte das selige Alter von sechsundneunzig Jahren, wohingegen ein anderer, Harry Crosby, mit einunddreißig Selbstmord beging.

Damals waren sie alle jung und auf der Suche nach ihrem eigenen Ich. Schließlich gehörten sie ja alle zur verlorenen Generation.

Gäste im Café Le Dôme

1900–1909

1900 erscheint Natalie Barneys erstes Buch, *Quelques Portraits et Sonnets de Femmes.* 1903 zieht die neunundzwanzigjährige Gertrude Stein in das Haus 27 der rue de Fleurus ... Constantin Brancusi kommt im Alter von siebenundzwanzig Jahren nach Paris ... 1905 kaufen die Steins ihren ersten Matisse, *Frau mit Hut,* und ihren ersten Picasso, *Jeune Fille aux Fleurs* ... Alfred Stieglitz gründet in New York auf der Fifth Avenue im Haus Nr. 291 die Photo-Secession Gallery, wo er die nächsten paar Jahre den Amerikanern die fortschrittlichsten Gemälde und Skulpturen der Welt, unter anderem von Cézanne, Matisse, Brancusi, Picasso, Braque und Rodin vorstellen wird ... 1908 gibt Picasso ein Festessen für Henri Rousseau ... 1909 öffnet Natalie Barney mit dreiunddreißig Jahren ihren Literatensalon in der rue Jacob 20 ... Diaghilews russisches Ballett erlebt seine Uraufführung in Paris.

Picasso, Gertrude Stein und Henri Rousseau: Das Festmahl beginnt

Kurz nach der Jahrhundertwende bewohnte eine Gruppe junger, verarmter Schriftsteller und Maler in einem heruntergekommenen Teil Montmartres einen baufälligen Gebäudekomplex, der sich Bateau Lavoir nannte. Es war eine winzige und innige Gruppe Avantgardisten, die täglich zum Aperitif im nahegelegenen Lapin Agile erschien und dort, Seite an Seite mit den Gangstern, auf den berüchtigten *bals musettes* tanzte. Gelegentlich schmissen sie auch zusammen, um selbst eine Party zu geben.

Aber nur ein einziges Mal gaben sie ein Festessen, und zwar an einem Herbstabend im Jahre 1908. Bis 1920 war dieses Ereignis für die neuere Schriftsteller- und Malergeneration zum Mythos herangereift, da viele der Gäste inzwischen berühmt geworden waren und als Angehörige der verlorenen Generation das Paris der zwanziger Jahre entscheidend mitgeprägt hatten. Dieses Festmahl, das Picasso zu Ehren des Malers Henri Rousseau gab, wurde zum Vorbild für all die anderen Mahle, die in diesem Buch beschrieben werden.

Rousseau, der 1908 vierundsechzig Jahre alt wurde, hatte den Großteil seines Lebens damit verbracht, erfolglos auszustellen. Er war ja ein Zeitgenosse der Impressionisten, und die Art, wie er mit naiven und primitiven Stilmitteln eine fremdartige und eigenwillige Welt auf die Leinwand zauberte, rief in der Öffentlichkeit, bei den Kritikern, selbst bei Kollegen, häufig Spott hervor. Aber mit dem neuen Jahrhundert war auch eine neue Künstlergeneration entstanden, die die Impressionisten ablehnte, da sie deren Kunst rein ornamental und völlig passé fand, so tot wie das soeben vergangene Jahrhundert.

Die jungen Künstler sahen Rousseau zwar als Amateur - tatsächlich hatte er noch nie im Leben Zeichenunterricht genommen -, aber sie wußten seine kühnen Vorstellungen und seine bizarre Betrachtungsweise zu schätzen. Und so geschah es, daß sich junge Löwen wie Picasso, Fernand Léger, Guillaume Apollinaire und Robert Delaunay um den alten Herrn bemühten. Rousseau, dessen Glaube an das eigene Können niemals geschwankt hatte, nahm die Ehrung selbstbewußt auf. Zu dem vierzig Jahre jüngeren Picasso sagte er einst: »Wir beide sind die größten Meister - du des ägyptischen Stils und ich des modernen.«

Picasso kaufte im Herbst des Jahres 1908 seinen ersten Rousseau. Als er eines schönen Tages bei einem Trödler herumwühlte, stieß er auf eine große Leinwand, auf der eine Frau dargestellt war, an einem Fenster stehend. Der Trödler hielt nicht viel von *Portrait of a Woman* und überließ sie dem jungen Spanier für fünf Francs, wobei er noch zu bedenken gab, daß man ja die Leinwand übermalen und wiederverwenden könne.* Aber Picasso war sich schon darüber im klaren, daß er ein Schnäppchen gemacht hatte, und er beschloß, den Kauf des Kunstwerks zu feiern, indem er den Künstler ehrte.

Er lud dreißig Freunde zu einem Festessen ein. Auf der Gästeliste standen die Maler George Braque und Marie Laurencin, die Schriftsteller André Salmon und Guillaume Apollinaire sowie die Amerikaner Gertrude Stein, ihr Bruder Leo und ihre neue Freundin Alice B. Toklas. Die Gäste sollten sich in der Bar Fauvet in Montmartre - wo es eine neue Musikbox gab - zum Aperitif treffen und um zwanzig Uhr den Hügel erklimmen, auf dem sich Picassos riesiges Atelier befand, sich dort niederlassen und darauf vorbereiten, Rousseau, der kurze Zeit später eintreffen sollte, gebührend in Empfang zu nehmen.

Dann sollte das Festessen stattfinden. Picassos Freundin, Fernande Olivier, sollte riz à la Valenciennes zubereiten und der Lebensmittelhändler Félix Potin sollte die übrigen Gerichte tafelfertig liefern. Anschließend wollte man auf Rousseaus Wohl trinken, Reden

* *Portrait of a Woman* ist inzwischen Millionen wert. Es kann im Musée Picasso in Paris besichtigt werden. Die meisten bedeutenden Museen moderner Kunst stellen Werke Rousseaus aus, unter anderem das New Yorker Museum of Modern Art und das Musée d'Orsay in Paris.

Pablo Picasso, Paris 1932

halten, Lieder und Gedichte vortragen. Es wäre alles in allem eine würdige Ehrung geworden.

Aber der Abend ist anders verlaufen als geplant. Die Berichte der Anwesenden weichen extrem voneinander ab, da es ein sehr trinkfreudiger Abend war. Deswegen enthält die folgende Zusammenfassung Ereignisse, die sich vielleicht genau so zugetragen haben oder auch nicht, je nachdem, wessen Geschichte man Glauben schenkt.*

In der Bar Fauvet nahm Marie Laurencin, die normalerweise äußerst zurückhaltend war, viel zu viele Aperitifs zu sich. Sie fing an zu lärmen und zu randalieren, kletterte auf die Stühle und sang lauthals vor sich hin. Die Aufmerksamkeit, die man ihr zollte, wurde vorübergehend durch Fernande abgelenkt, die hereinplatzte, um empört und völlig aufgelöst zu berichten, daß Potin die bestellten Gerichte nicht geliefert habe und daß der Laden nun geschlossen sei. Alice Toklas bot an, ihr zu helfen, einen anderen Lebensmittelhändler zu suchen. So brachen die beiden Frauen hektisch auf, aber leider mußten sie feststellen, daß sämtliche Lebensmittelgeschäfte in der Umgebung bereits geschlossen hatten. Also kehrte Fernande widerstrebend in Picassos Atelier zurück, um zu versuchen, das Beste aus ihrem riz à la Valenciennes und ein paar Desserts zu machen, und Alice ging zurück zu Gertrude in die Bar.

Bald verließ die Gruppe Fauvet und zog los in Richtung Bateau Lavoir. Inzwischen war Laurencin so betrunken, daß sie sich kaum auf den Beinen halten konnte. Gertrude und Leo nahmen sie in die Mitte und nutzten ihr jeweiliges, nicht unerhebliches Lebendgewicht, um sie den Hügel hochzubugsieren. Als sie schließlich oben angelangt waren, warf Fernande einen einzigen Blick auf Laurencin und verriegelte sodann theatralisch die Tür. Gertrude bemerkte, daß sie verdammt sein wolle, wenn der Kampf, Marie Laurencin diesen unsäglichen Hügel hochzukriegen, für die Katz gewesen sei. Picasso stimmte ihr zu und setzte somit Fernandes Entscheidung außer Kraft. Laurencin betrat das Zimmer und fiel prompt über ein Tablett, auf dem Marmeladenplätzchen lagen.

* Augenzeugenberichte wurden von Fernande Olivier, André Salmon, Gertrude Stein, Leo Stein, Maurice Raynal, Alice B. Toklas und André Warnod niedergeschrieben.

Als Tische hatte man Böcke und Bretter besorgt und als Sitzgelegenheiten lange Holzbänke. Der Ehrenplatz war ein wackeliger Holzstuhl, den man auf eine Kiste gestellt hatte. Über der Honoratiorentafel hing Picassos neue Errungenschaft, *Portrait of a Woman*, von Flaggen und Kränzen umrahmt. Darüber hinaus schmückten afrikanische Masken die Wände, denn Picasso hatte sich erst kürzlich dem Kubismus zugewandt, der von ethnischer Kunst stark beeinflußt wurde. Die Balken waren mit Girlanden und chinesischen Papierlaternen behangen. In den Ecken des Raumes lagen stapelweise Picassos eigene Gemälde. In diesem Szenario nahmen nun alle Platz und erwarteten die Ankunft Rousseaus.

Schließlich vernahm man ein zaghaftes Klopfen an der Tür. Rousseau betrat langsam das Zimmer, in der einen Hand seinen berühmten Gehstock und in der anderen seine Violine. Er war alt genug, der Großvater aller Anwesenden zu sein. Der gütige, zerbrechlich wirkende alte Herr stand unbeholfen herum und sah zögernd in die Runde. Er nahm alles in sich auf: die förmliche Sitzordnung, sein Gemälde an der Wand, den Ehrenplatz, den man ihm zugeteilt hatte. Fast sein ganzes Leben lang hatte er darum gekämpft, von anderen Malern akzeptiert und anerkannt zu werden, und nun, zwei Jahre vor seinem Tod, war er angekommen. Es entstand ein langer, anrührender Moment des Schweigens, während er dort an der Tür stand mit Tränen in den Augen. Schließlich machte er sich auf den Weg zu seinem Ehrenplatz, und der Bann war gebrochen; die übrigen Gäste setzten ihre Gespräche fort.

Und dann begann das Festmahl. Picasso hatte fünfzig Flaschen Wein gestiftet, und alle anderen hatten noch das eine oder andere Getränk mitgebracht, so daß sich das etwas karge Mahl wenigstens gut herunterspülen ließ. Marie Laurencin bestand darauf, sich weiter vollaufen zu lassen und zum Narren zu machen, bis sie ihr Liebhaber, Apollinaire, eine Etage tiefer schleppte. Von dort kehrte sie, wie Gertrude Stein es ausdrückte, »etwas lädiert, aber nüchtern wieder«. Es kamen ausgehungerte Nachbarn vorbei und fraßen ihnen die Petits fours weg, und dann kam noch das Original aus der benachbarten Kneipe Lapin Agile mit seinem Esel Lolo. Beide bekamen einen Drink und zogen wieder ihres Weges, aber vorher nutzte Lolo noch die Gunst der Stunde und verspeiste Alice Toklas' Hut mit den Blumen obendrauf. Eine Gruppe italienischer Sänger schneite herein, aber sie wurde von Fernande umgehend hinauskomplimentiert, da diese sich verzweifelt aber vergeblich bemühte, die »Respektabilität« des Anlasses zu erhalten. Es wurden Reden gehalten, und dann las Apollinaire ein Gedicht vor, das er Rousseau gewidmet hatte, und das folgenden ergreifenden Refrain enthielt:

»Nous sommes réunis pour célébrer ta gloire
Ces vins qu'en ton honneur nous verse Picasso
Buvons-les donc, puisque c'est l'heure de les boire
En criant tous en chœur: Vive! Vive Rousseau!«

Und dann - so berichtet Gertrude Stein, die gelegentlich gerne von sich selbst in der dritten Person sprach:

»Plötzlich sprang André Salmon, der zuvor noch neben meiner Freundin gesessen und ernsthaft über Literatur und Reisen diskutiert hatte, auf den Tisch, der keineswegs stabil war, und improvisierte eine Lobrede in Gedichtform. Zum Schluß schnappte er sich ein großes Glas und trank, was immer darin war, aus. Daraufhin war er völlig betrunken und fing an, Randale zu machen. Alle anwesenden Männer hielten ihn fest; die Statuen fingen an zu wackeln. Braque, der ein riesiger Kerl ist, hielt mit jeder Hand eine Statue fest, während Gertrude Steins Bruder, der auch so ein riesiger Kerl ist, den kleinen Rousseau und seine Violine davor bewahrte, zu Schaden zu kommen. Die anderen, mit Picasso an ihrer Spitze, denn Picasso ist zwar klein, aber sehr kräftig, zerrten Salmon in den vorderen Teil des Ateliers und sperrten ihn dort ein.«

Als wieder Ruhe eingekehrt war, spielte Rousseau auf seiner Violine einen Walzer, den er komponiert und zu Ehren seiner ersten Frau »Clémence« genannt hatte. Laurencin, die inzwischen wieder nüchtern war, sang alte normannische Lieder, und der Maler Pichot führte einen religiösen spanischen Tanz auf, bei dem er um sich schlug und zum Schluß ausgestreckt auf dem Boden lag, wie der gekreuzigte Christus. Braque spielte mit beschwipstem Gusto Akkordeon. Apollinaire bat Gertrude und Alice, Volkslieder der amerikanischen Indianer vorzutragen, aber sie kannten keine. Der Barkeeper aus der Eckkneipe kam vorbei, um zu berichten, daß eine der Damen, die sich unter den geladenen Gästen befand, den Hügel hinuntergerollt und im Gully gelandet sei, und daß sich seine

Bemühungen, sie auf die Beine zu stellen, als zwecklos erwiesen hätten. Und Rousseau schlief unter einer Leuchte ein, aus der heißes Wachs auf seinen Kopf tropfte, so daß er schließlich ein kleines Krönchen trug, aber irgendwann wachte er wieder auf und wiederholte sein gesamtes Liedrepertoire.

Gegen drei Uhr morgens brachten Gertrude und Alice Rousseau mit einer Pferdedroschke nach Hause. Laut Alice kam Salmon kreischend den Hügel heruntergerannt, gerade, als die Droschke anfuhr. Er raste an ihnen vorbei und verschwand in der Finsternis.

Die übrigen Gäste blieben bis zum Morgengrauen zusammen. Allerdings scheint sich niemand daran zu erinnern, wie man die letzten Stunden verbrachte. »Keiner der noch Anwesenden war in der Lage, sich an das Ende der Party zu erinnern« schreibt André Warnod, »denn wir waren sehr durstig, und Lebenswasser gab es reichlich.«

Menü für die Modernisten

Riz à la Valenciennes
Marmeladenplätzchen à la Marie Laurencin
Wein

Riz à la Valenciennes:

Dieses Gericht basiert auf einem Rezept Henri de Toulouse-Lautrecs, das er in seinem Buch *Die Kunst des Kochens* aufführt.

Schneiden Sie eine gute Handvoll Stangenbohnen in ca. 7 cm lange Stücke. Lassen Sie sie in Wasser kochen, bis sie gerade noch bißfest sind. Sie sollten die Menge einer vollen Tasse ergeben. Nun gießen Sie das Wasser ab und schrecken die Bohnen mit kaltem Wasser ab. Schütten Sie das Bohnenwasser nicht weg. Ziehen Sie von drei Artischocken die zähen Außenblätter ab und kochen Sie sie in Wasser, bis sie gar sind. Schneiden Sie jede in 4 Teile und entfernen Sie die Blätter. Schälen Sie 2 große Tomaten und drücken Sie sie aus, um die Kerne zu entfernen. Dünsten Sie 2 Dutzend Muscheln, bis sie sich leicht geöffnet haben. Lösen Sie die Muscheln aus den Schalen, und stellen Sie die Brühe für späteren Gebrauch zurück. Braten Sie 4 große oder 8 kleine Hähnchenteile mit Olivenöl in einer kleinen Paellapfanne an, bis sie gut gebräunt sind. Dünsten Sie eine große Zwiebel und 2 zerkleinerte Knoblauchzehen in derselben Pfanne. Geben Sie nun 2 Tassen Reis und 4 Tassen Bohnen- und Muschelwasser hinzu. Sollte die Menge nicht genügen, fügen Sie ruhig klares Wasser hinzu. Würzen Sie mit Salz und Pfeffer nach. Verrühren Sie nun die Hähnchenteile, die Tomaten und die Artischocken miteinander.

Lassen Sie das Ganze bei niedriger Flamme garen. Sobald die Flüssigkeit fast verkocht ist, geben Sie die Muscheln und die Bohnen hinzu. Der Reis ist fertig, wenn das Wasser vollends verkocht ist. Streuen Sie in Olivenöl leicht sautierte Streifen grünen und roten Paprika über das Gericht und servieren Sie es direkt aus der Pfanne.

Marmeladenplätzchen à la Marie Laurencin

Erstellen Sie eine pâté brisée, indem Sie mit einer Gabel ca. 35 Gramm gekühlte, ungesalzene Butter mit drei Tassen ungesiebtem Öl, 2 TL Salz und ¼ TL Zucker vermischen. Sobald die Mixtur eine zähflüssige Konsistenz angenommen hat, fügen Sie ¾ bis 1 Tasse eiskaltes Wasser hinzu und kneten einen Teig. Formen Sie daraus eine Kugel, decken sie mit Wachspapier zu und legen sie mindestens 30 Minuten in den Kühlschrank. Halten Sie den Teig kühl und bearbeiten Sie ihn schnell: Rollen Sie ihn zu einer Höhe von ca. 1,3 cm aus. Stechen Sie nun mit den Formen die Plätzchen aus. Pieksen Sie sie mit einer Gabel an und legen Sie getrocknete Bohnen auf die Plätzchen, um sie während des Backvorgangs in Form zu halten. Backen Sie sie im vorgeheizten Ofen bei 200 Grad 10 bis 15 Minuten lang. Holen Sie sie dann aus dem Ofen, entfernen Sie sie aus den Formen und lassen Sie sie auskühlen.

Wählen Sie für jedes Plätzchen 1 oder mehrere Stücke abgetropftes Obstkompott (Kirsch, Aprikose, Pfirsich, Ananas, Erdbeer oder Himbeer) und legen Sie die Stücke in die Förmchen. Erwärmen Sie rote Preiselbeeren oder durchgesiebtes Aprikosengelee und glasieren Sie damit die Plätzchen.

Weinvorschlag:

Roter spanischer Wein, z. B. Riojas, oder ein herzhafter französischer Burgunder.

1910 - 1919

1911 wird Djuna Barnes' Roman *Book of Repulsive Women* veröffentlicht ... 1913 zeigt die New York Armory Show der amerikanischen Öffentlichkeit moderne Kunst; Duchamps *Akt, eine Treppe hinabsteigend* erregt Aufsehen ... In Paris wird Strawinskys *Le Sacre du Printemps*, mit Diaghilews russischem Ballett uraufgeführt, zum reißenden Erfolg ... Caresse Crosby, alias Mary Jacobs, erfindet den Büstenhalter ... Die erste Ausgabe von Margaret Andersons *Little Review* erscheint ... James Joyce fängt an, seinen Roman *Ulysses* zu schreiben ... 1916 kommt Sylvia Beach in Paris an, sie ist achtundzwanzig ... Im April 1917 beginnt die Beteiligung der USA am Zweiten Weltkrieg ... Shakespeare and Company öffnet 1919 in Paris ... Erste Begegnung der Dichterinnen H. D. und Bryher ... Dada erreicht den Gipfel seiner Popularität ... John Dos Passos kommt nach Paris und schreibt seinen Roman *Three Soldiers* ...

Gertrude Stein und Alice B. Toklas: Auf der Landstraße erlegt

✳

Am Anfang war Gertrude Stein. Sie war schon immer dagewesen, buddhagleich in ihrem Atelier in der rue de Fleurus 27 sitzend, schwergewichtig, von den fortschrittlichsten Kunstwerken des Jahrhunderts umgeben, von den Berühmten und Berüchtigten umschwärmt und von Alice B. Toklas eifersüchtig bewacht. Ohne Stein hätte es Paris nie gegeben, ebensowenig eine Stein ohne Paris - so jedenfalls erschien es der jüngeren Generation, die nach dem Krieg dort eintraf.

Aber in Wirklichkeit war Steins Aufstieg zur Königin der Moderne eher zufällig und der Weg, der sie zum Thron führte, ein sehr verschlungener. Gertrude Stein wurde 1874 in Pennsylvania geboren und wuchs im kalifornischen Oakland auf. Später, als sie das Radcliffe College besuchte, freundete sie sich mit dem Psychologen William James an, der ihr riet, Medizin zu studieren. Sie nahm das Medizinstudium an der Johns-Hopkins-Universität auf. Anfangs gefiel es ihr gut, aber nach und nach fing sie an, sich zu langweilen, fiel durch mehrere Prüfungen und gab das Studium 1902 schließlich auf.

Da sie im darauffolgenden Jahr nicht so recht wußte, was sie mit sich anfangen sollte, folgte sie ihrem älteren Bruder Leo nach Paris, als er sich dort in der rue de Fleurus in einer Zweizimmerwohnung mit Atelier niederließ. Es ließ sich für wenig Geld gut leben, also blieb Gertrude. So fing ihr zweiter Lebensabschnitt an, »nicht der Teil, der mich schuf, sondern der, in dem ich schuf, was ich schuf«.

Als Gertrude zu ihm zog, hatte Leo bereits eine beträchtliche Sammlung moderner Kunstwerke zusammengetragen. Sie bestand größtenteils aus Kunstdrucken japanischer Landschaften. Darüber hinaus hatte er seit einiger Zeit angefangen, sich für eine völlig neue Kunstrichtung zu interessieren, die mangels eines präzisierenderen Begriffs als »Moderne« bezeichnet wurde und die die meisten Leute schockierend, vulgär und durchweg häßlich fanden. Kurz vor Gertrudes Ankunft erstand Leo erstmals ein solches Werk, eine der ersten Landschaften Cézannes.

Leos Begeisterung für die Moderne färbte bald auf Gertrude ab. Die Geschwister suchten häufig den Kunsthändler Ambroise Vollard auf, der Stapel von Cézannes in seinem Hinterzimmer angesammelt hatte. Die Steins bezogen damals je einhundertundfünfzig Dollar im Monat aus einer Familienstiftung, was gerade ausreichte, um einigermaßen sorglos über die Runden zu kommen. Das Geld, das sie für die Gemälde ausgaben, mußten sie also an anderer Stelle wieder einsparen. Sie sparten hauptsächlich an Kleidung. Beide gingen schlicht gekleidet, mit braunen Kordhosen und Sandalen, und anderen mittellosen Kunstsammlern legten sie nahe, es ihnen gleichzutun.*

Vollard sagte einmal, daß die Steins die einzigen Kunden gewesen seien, die seine Gemälde nicht kauften, »weil sie reich waren, sondern obwohl sie es nicht waren«.

Bald hatten die Steins reichlich Werke von Renoir, Cézanne und Gauguin gesammelt. Die beiden letzteren waren noch weitgehend unbekannt, und die Tatsache, daß die Steins ihre Bilder aufkauften, zeugt von einem bemerkenswerten Weitblick. Dieser beweist sich erst recht anhand ihrer nächsten zwei Entdeckungen: Henri Matisse und Pablo Picasso.

Der erste Matisse, den die Steins kauften, war das revolutionäre Gemälde *Frau mit Hut*. Im Herbstsalon bot das Werk 1905 aufgrund seiner feurigen Pinselführung und seiner wilden Farben Anlaß zu

* Stein riet Ernest Hemingways erster Frau, der hübschen, modisch gekleideten Hadley, ihre Garderobe doch lieber in Hinblick auf Haltbarkeit und Bequemlichkeit auszusuchen und das somit eingesparte Geld in Bilder zu investieren. Hemingway erinnerte sich noch Jahre später daran, wie sich Hadley während des ganzen Gesprächs krampfhaft bemühen mußte, Gertrudes seltsame Kleidung nicht befremdet anzustarren.

wütenden Auseinandersetzungen. Gertrude und Alice freundeten sich mit dem würdevollen, gelehrten Matisse an und kauften weiterhin seine Werke. Damals war Matisse noch mittellos, und die Steins und Alice Toklas waren die ersten Mäzene des großen Malers. Eine Zeitlang pflegten sie regelmäßig mit Matisse und seiner Frau zu dinieren. »Gertrude Stein war mit ihrem Bruder oft bei den Matisses«, schreibt Stein, »und die Matisses waren andauernd bei ihnen.«

Eines Tages kramte Leo wieder einmal bei einem Trödler. Dabei fiel ihm ein ungewöhnliches Mädchenbildnis in die Hände, das ein unbekannter Spanier gemalt hatte. Er holte Gertrude, um ihr das Bild zu zeigen. Sie fand es abscheulich, aber Leo kaufte es trotzdem und zwang somit seine Schwester, mit Picassos *Jeune Fille aux Fleurs* unter einem Dach zu leben.

Irgendwie gewann sie das Bild dann aber doch lieb, und als sie Picasso kurz darauf kennenlernte, waren sie einander auf Anhieb sympathisch. Gertrude fand ihn gutaussehend: »schlank, dunkel, lebendig, mit großen Augen wie Seen und einer heftigen, aber nicht groben Art«. Bald war Picasso ein gern gesehener Gast in der rue de Fleurus, und Gertrude Stein ließ sich von ihm malen; sein Porträt Gertrude Steins ist heute weltberühmt.

1906 waren die Wände des kleinen Ateliers der Steins über und über mit Gemälden bedeckt; von Augenhöhe bis zur Decke hingen Werke von Matisse, Picasso, Renoir, Cézanne, Delacroix, Maurice Denis, Henri Manguin, Félix Vallotton, Pierre Bonnard und Henri de Toulouse-Lautrec. Im Laufe der Zeit sprach es sich herum, und die Leute fingen an hereinzuschneien, um sich die Sammlung anzusehen. Wahrscheinlich hatten die Steins das erste Museum der Welt, das moderne Kunst ausstellte. Irgendwann wurde es ihnen zuviel, zu jeder Tages- und Nachtzeit belagert zu werden, so daß sie nur noch samstagabends Besucher einließen, um die Sammlung zu zeigen.

Es kamen Hunderte von Besuchern: junge Maler und Schriftsteller, Sammler, Journalisten, Freunde, Kunsthändler und Leute, die einfach interessiert waren. Matisse und Picasso waren häufig in der rue de Fleurus, wo sie sich auch kennengelernt hatten, zugegen und brachten noch ihre eigenen Freunde mit. So trat die französische Avantgarde, unter anderem Apollinaire, Max Jacob und Marie Laurencin, in Gertrudes Leben.

Anfangs stand Leo im Mittelpunkt. Er machte sich leidenschaftlich gerne wichtig, und die Schriftstellerin Mabel Dodge beschreibt an einer Stelle, wie er »immer vor den Bildern stand ... und mit einem Eifer, den ihm keiner zugetraut hätte ... erklärte, lehrte, interpretierte«.

Während Leo die hektischen, lauten Versammlungen leitete, saß Gertrude gelassen, oft schweigend, mit ihrem monumentalen Gewicht und nicht minder monumentaler Würde mittendrin, wie ein Fels in der Brandung. Wenn sie mit ihrer tiefen, langsamen Stimme einmal etwas sagte, klangen ihre Worte, als seien sie von tiefer, schwerer Bedeutung. Immer mehr Leute fingen an, hinzuhören. Daß sie oft in Rätseln sprach, zu gehässigem Tratsch neigte und häufig ihre eigene Genialität besang, tat wenig zur Sache. Gertrudes physische Gewichtigkeit, bohemehafte Verschrobenheit und die sensationelle Kunst- und Künstlersammlung, mit der sie sich umgab, all das zusammen verlieh ihr eine mächtige, charismatische Ausstrahlung.

Bald geschah das Unvermeidliche: Gertrude stellte Leo in den Schatten und wurde selbst zum Star der Samstagabende. Die Besucher ehrten nunmehr nicht nur die Kunstsammlung Stein, sondern auch Gertrude Stein selbst.

Natürlich bestand Gertrude Steins Leben nicht nur darin, einen Salon zu führen: sie schrieb auch. Daß sie dabei noch nicht besonders erfolgreich war, lag nicht an mangelndem gutem Willen. Jede Nacht schrieb sie viele Seiten und hörte meist erst bei Tagesanbruch auf. Ihr erster Roman *Q. E. D.* handelt von einer lesbischen Beziehung, die sie in Baltimore geführt hatte. Nachdem sie ihn beendet hatte, legte sie ihn in eine Schublade, wo man ihn erst 1930 entdeckte und nach ihrem Tod veröffentlichte. *Drei Leben* erschien 1909 im Selbstverlag. In eineinhalb Jahren wurden nur dreiundsiebzig Exemplare verkauft, aber das Buch erhielt immerhin gute Kritiken.

Erst als sie anfing, »Sprachporträts« ihrer Freunde zu schreiben, fand ihre Arbeit größere Beachtung, wenn auch nicht immer Anerkennung. Sie versuchte, mittels Wiederholungen und Verzicht auf Interpunktion, den Kubismus sprachlich umzusetzen. 1909 erschien ihr Sprachporträt von Matisse in Alfred Stieglitz' *Camera Work*. Einige Textstellen wie die folgende waren umstritten oder wurden glattweg verlacht:

»Er drückte auf jeden fall etwas sehr klar aus. Manche sagten daß er nichts klar ausdrückte. Andere waren überzeugt daß er etwas sehr klar ausdrückte und einige von diesen sagten daß er ein größerer geworden wäre wenn er nicht einer wäre der das was er ausdrückt so klar ausdrückt. Manche sagten daß er das was er ausdrückte nicht klar ausdrückte und manche von diesen sagten daß die größe des kampfes der keinen klaren ausdruck kennt ihn zu einem völlig großen mache.«

Margaret Anderson, die Herausgeberin der *Little Review*, einer Literaturzeitschrift, die Autoren wie James Joyce als Aushängeschild hatte, sagte über Steins Arbeit: »Ich für mein Teil habe noch immer damit Schwierigkeiten, die häufig nicht dadurch belohnt werden, daß ich etwas verstehe. Und wenn ich etwas verstanden habe, werde ich nicht durch interessante Einsichten belohnt.« Andererseits gab es Kritiker wie bezeichnenderweise Carl Van Vechten und Henry McBride, die sie als mutige, bahnbrechende Pionierin betrachteten, die die englischsprachige Literatur in die moderne Welt führt.

Extreme Widersprüche schaffen ein Image; Stein hatte entweder ein sehr gutes oder ein sehr schlechtes Image, je nachdem, welchem Literaturkritiker man glaubte, jedenfalls stand ihr niemand gleichgültig gegenüber. Nach und nach wurden ihre Porträts und Gedichte in den kleinen zeitgenössischen Zeitschriften abgedruckt. 1912 wurde *Zarte Knöpfe*, eine Sammlung literarischer Skizzen, von der Gertrude behauptete, sie enthalte »die Geschichte aller Dinge«, in den Vereinigten Staaten veröffentlicht. Die rätselhaften Sätze und der eigenwillige Satzbau trugen dazu bei, ihren Ruf zu festigen, bei den einen als innovative Literatin und bei den anderen als Hochstaplerin.*

Egal, wie die einzelnen Urteile ausfielen, so waren sich doch alle darüber einig, daß sich Gertrude der Moderne verschrieben hatte. Ihre Schriften und ihre Gemäldesammlung bewiesen das zur Genüge.

Und immer mehr Leute wollten diese Gemälde sehen. Amerikanische Maler wie Marsden Hartley, Joseph Stella und Charles

* Ein Literaturkritiker der *New York Post* machte sich darüber Gedanken, ob Gertrude wohl beim Schreiben von *Zarte Knöpfe* Haschisch konsumiert habe.

Demuth, die in Paris gewesen waren, lobten zu Hause die Sammlung, was wiederum zur Folge hatte, daß noch größere Besuchergruppen in die rue de Fleurus schwärmten. Van Vechten und McBride sorgten dafür, daß Gertrudes Name in aller Munde blieb. Sie nannten sie die »Kubistin des Wortes«. Auch Besprechungen der 1913 eröffneten Armory Show, die der größtenteils verständnislosen amerikanischen Öffentlichkeit die Möglichkeit bot, moderne Kunst zu betrachten, erwähnten häufig Gertrude Stein. Die Amerikaner konnten mit Gertrudes Schriften genauso wenig anfangen wie mit Kubismus, mit *Akt, eine Treppe hinabsteigend* und mit Brancusis geraden Linien. Ein beliebter Gassenhauer aus der Zeit, da die Ausstellung stattfand, faßt es folgendermaßen zusammen:

Ich nannt' das Bildnis ›Wiederkäuer‹
Und fortan war es mein;
Die einzige, der es geheuer,
War Frau Gertrude Stein.

Nun war Gertrude Steins Name für immer mit dem Begriff Moderne assoziiert. Obwohl die wenigsten jemals etwas von ihr gelesen hatten, kannte jeder ihren Namen. Stein wurde ein weltberühmter Medienstar, jemand, der dafür berühmt ist, daß er berühmt ist.

1913 zog Leo aus der rue de Fleurus aus. Er nahm die meisten Gemälde von Matisse und von Cézanne mit und ließ alle Picassos zurück. Er mag vielerlei Gründe gehabt haben, auszuziehen, aber der wichtigste war seine Eifersucht auf Alice Babette Toklas.

Alice kam ursprünglich aus San Francisco und zog 1910 bei Gertrude ein. Die beiden hatten sich einige Jahre zuvor kennengelernt, und es dauerte nicht lange, bis sich die dunkle, exotisch anmutende Toklas unentbehrlich gemacht hatte. Jeden Morgen tippte sie die Seiten, die Gertrude in der Nacht geschrieben hatte, sie übernahm sämtliche Besorgungen und den ganzen Haushalt: sie stellte Dienstboten ein oder feuerte sie, kaufte ein, überwachte die Zubereitung der Mahlzeiten und fungierte als Gertrudes Faktotum und Sekretärin. In der Öffentlichkeit war sie extrem zurückhaltend, aber zu Hause übte sie ihren starken Willen aus. Die Liebesbeziehung hielt ein Leben lang, bis zu Gertrudes Tod im Jahre 1946.

Anfang des Ersten Weltkrieges waren Gertrudes Samstagabende für Amerikaner, die Paris besuchten, zum starken Anziehungspunkt geworden. Ein Zeitgenosse bezeichnete Stein als »Attraktion, wie die Dame mit Bart auf der Kirmes«. Aber der Krieg setzte all dem ein Ende. Gertrude kaufte sich einen Ford-Transporter, taufte ihn »Auntie« und zog mit Alice los Richtung Südwestfrankreich, wo sie die Kriegsjahre damit verbrachten, Krankenhäuser zu beliefern.

Es gab wenig zu essen, manchmal überhaupt nichts. In *Paris, Frankreich*, einer Erzählung, in der ihre Liebe zu dieser Stadt manifest wird, berichtet Gertrude Stein, wie weit man manchmal ging, um an etwas Eßbares heranzukommen:

»Doktor Chamboux machte seine Sache gut er hat es nicht beabsichtigt aber es ist ihm trotzdem gelungen auf der Straße einen Hasen zu überfahren und er lud uns ein ihn zu verspeisen. Zu Hasenpfeffer sollte man immer Salzkartoffeln essen und tatsächlich schmecken Salzkartoffeln mit Hasenpfeffer sehr gut. Hier auf dem Land sagt man daß Kartoffeln die gesundeste Speise sind dabei essen sie eine Menge Brot und trinken auch viel Wein, aber sie sagen, schließlich gibt man kranken Menschen Kartoffeln und nicht Brot zu essen, Brot ist was für die Kräftigen, Kartoffeln sind sowohl für die Gesunden als auch für die Kranken geeignet, aber was wirklich wichtig ist ist daß man sie in dem selben Land, wo man in der Kunst das zwanzigste Jahrhundert entdecken und zelebrieren kann, immer noch Mère Mollard, Père Mollard oder Fils Mollard nennt, und einen alten Maler sprechen sie hier mit cher maître an. Sie bestehen darauf. Ich kann gar nicht genug betonen wie notwendig es ist völlig konservativ das heißt besonders traditionell zu sein um frei sein zu können. So ist Frankreich immer gewesen und ist es heute noch.«

Für ihren Einsatz im Krieg wurden Gertrude und Alice jeweils die Médaille de la Reconnaissance Française verliehen. Zufrieden mit der kleinen Rolle, die sie in dem Krieg gespielt hatten, der allen Kriegen ein Ende setzen sollte, kehrten sie zurück in die rue de Fleurus und machten sich bereit, die zwanziger Jahre willkommen zu heißen.

Das Menü für Gertrude Stein und Alice B. Toklas

Hasenpfeffer mit rotem Johannisbeergelee- und Weinsoße
Salzkartoffeln
Wein

Hasenpfeffer war in den zwanziger Jahren sehr beliebt in Europa. In *Paris - Ein Fest fürs Leben* beschreibt Hemingway, wie er mit seiner ersten Frau Hadley im Skiurlaub in Österreich das Gericht gegessen hat. In der *Autobiographie der Alice B. Toklas** erwähnt Stein, daß es bei Madame Matisse recht häufig Hasenpfeffer gab.

Hasenpfeffer:

Nach einem Rezept aus dem *Alice B. Toklas Kochbuch.*

Schneiden Sie einen etwa zwei Kilo schweren Hasen in Stücke und legen Sie diese in eine tiefe Schüssel. Geben Sie dann in eine zweite Schüssel: eine Tasse Rotwein, beispielsweise Burgunder, ¼ Tasse Rotweinessig, 1 große, in Viertel zerteilte Zwiebel, 2 in Scheiben geschnittene Karotten, ein Lorbeerblatt, 12 Pfefferkörner, 4 Petersilienzweige, 1 ½ TL Salz, ½ TL frisch gemahlenen Pfeffer. Verrühren Sie das Ganze gründlich und gießen es über den Hasen. Sollte der Hase nicht ganz bedeckt sein, kann noch etwas Wein hinzugegeben werden. Nun decken Sie die Schüssel ab und stellen sie über Nacht in den Kühlschrank.

Gießen Sie zwei Stunden vor dem Auftragen die Marinade ab, schütten Sie sie aber nicht weg. Erhitzen Sie in einer großen Bratpfanne eine kleine Menge Olivenöl und braten Sie den Hasen an, bis er von allen Seiten braun ist. Nehmen Sie ihn dann aus der Pfanne

* Trotz des Titels ist Stein die Verfasserin der »Autobiographie«.

und legen ihn in einen Schmortopf mit Deckel. Sautieren Sie Zwiebeln und Karotten in derselben Bratpfanne, bis sie weich sind und geben Sie sie dann mit in den Schmortopf. Entfetten Sie die Pfanne mit einer Tasse Wasser und geben Sie die Marinade ebenfalls in den Schmortopf, den Sie, immer noch verschlossen, in den auf 160 Grad vorgeheizten Backofen stellen. Bereiten Sie eine Schwitze zu, indem Sie ¼ Tasse Mehl und 2 TL weicher Butter mit einer Gabel verrühren. Geben Sie diese nach einer Stunde mit in den Schmortopf, den Sie dann weitere 30 bis 45 Minuten in den Ofen stellen. Zum Schluß wird der Hase auf eine Servierplatte gelegt, mit der durchgesiebten Marinade übergossen und mit Salzkartoffeln umrandet. Dazu gibt es eine Johannisbeergelee- und Weinsoße.

Rotes Johannisbeergelee- und Weinsoße:

Erhitzen Sie langsam bei mittlerer Flamme 1 Tasse rotes Johannisbeergelee, bis es flüssig ist. Geben Sie 1 Tasse guten Rotwein und 1 TL Zitronensaft hinzu, rühren Sie gründlich und lassen Sie die Soße ohne Deckel 5 Minuten köcheln. Dicken Sie sie mit der Soße aus dem Schmortopf an. Kurz vorm Servieren geben Sie 1 EL Brandy in die Soße.

Salzkartoffeln:

Schälen Sie 8 mittelgroße Kartoffeln (2 pro Person), nachdem Sie sie gründlich abgewaschen haben. Geben Sie sie in einen großen Topf kochendes Salzwasser und lassen sie ca. 30 Minuten kochen. Wenn sie sich mit einem spitzen Messer mühelos durchstechen lassen, sind sie gar. Gießen Sie die Kartoffeln gut ab und legen sie dann wieder in den Topf. Geben Sie 3 EL Butter und 4 TL kleingehackte Petersilie dazu und rühren bei niedriger Flamme, bis die Butter geschmolzen und die Kartoffeln eingefettet sind. Legen Sie sie nun auf die Servierplatte.

Weinvorschlag:

Ein Beaujolais oder ein Côte de Rhône würde gut zu diesem Gericht passen.

John Dos Passos: Sanitäter an der Front

✻

In der zweiten Dekade des Jahrhunderts waren viele junge Amerikaner rastlos und derart angewidert von den Werten und Normen der Kleinstädte, in denen sie aufgewachsen waren, daß sie in die Welt hinauszogen und dabei alle gesellschaftlichen Konventionen hinter sich ließen. Greenwich Village wurde die neue Heimat von Dichtern, Malern und Schriftstellern, und im Westen, rund um Carmel und Monterey bildete die Boheme eine eigenständige Gemeinschaft. Die Mutigsten nahmen den Weltkrieg zum Anlaß, den USA ganz den Rücken zu kehren. Viele jener, die sich von der Mystik eines Krieges, der sich auf der Bühne Europas abspielte, angezogen fühlten, wurden später bedeutende Figuren in der Auswandererszene im Paris der zwanziger Jahre, zum Beispiel e. e. cummings, Ernest Hemingway, Malcolm Cowley, Harry Crosby und John Dos Passos.

Tatsächlich war es Dos Passos, der den ersten wichtigen Kriegsroman seiner Generation zu Papier brachte. *Drei Soldaten* ist ein zorniges, desillusioniertes Werk, das, zusammen mit seinen späteren Romanen, insbesondere der äußerst experimentell gestalteten *U.S.A. Trilogie,* hervorragende Kritiken bekam und sich gut verkaufte. Dos Passos setzte in seinen Romanen innovative und moderne stilistische Mittel ein, wie verbale Nahaufnahmen, das Anhäufen von Bildern und übergangslose Wechsel der Szenerien, so daß eine Wirkung erreicht wurde, die an die des Kinofilms erinnert.

Dos Passos' Herkunft war für seine Zeit höchst ungewöhnlich. Seine Mutter, eine Dame der Gesellschaft Marylands, heiratete seinen Vater, einen renommierten Anwalt, erst, als Dos Passos bereits vierzehn Jahre alt war. Er verbrachte viele Jahre seiner Jugend damit, durch Europa, vor allem durch Frankreich zu reisen. Sein Vergnügen an abenteuerlichen Reisen begleitete ihn ein Leben lang.*

Malcolm Cowley schrieb Jahre später über Dos Passos, er sei »der größte Reisende in einer Generation wandernder Schriftsteller« gewesen, »immer gerade auf dem Weg nach Spanien, Rußland, Istanbul oder in die Wüste Syriens«. Nachdem er 1916 Harvard abgeschlossen hatte, wo er sich übrigens mit e. e. cummings anfreundete, wurde Dos Passos in Frankreich Sanitäter an der Front. Ein Jahr später wechselte er nach Italien, wo er tapfer diente, aber schließlich unehrenhaft entlassen wurde, weil er sich in Briefen an seine Angehörigen gegen den Krieg ausgesprochen hatte.

Das Leben eines Sanitäters war in jenen Zeiten gefährlich und psychisch extrem belastend, da man, sofern man selbst das Glück hatte zu überleben, das grausame Sterben vieler Freunde und Kameraden miterleben mußte. Die Unterkünfte waren verdreckt, die Kleidung und das Bettzeug verlaust, und oft war es wochen- oder auch monatelang nicht möglich, sich richtig zu waschen. Das Essen war dürftig und oft ungenießbar. In seinem Kriegstagebuch aus dem Jahre 1918 beschreibt Dos Passos, wie der Divisionsarzt Insekten aus einem Stück Käse entfernen mußte, bevor er es essen konnte.

Es fällt nicht schwer, sich vorzustellen, wie glücklich der junge Dos Passos gewesen sein muß, als er im März 1918 einen kurzen Urlaub bewilligt bekam. Er wanderte mit seinem Rucksack durch Italien, übernachtete in Gasthöfen und genoß die landesübliche Küche. So konnte er wenigstens für eine kurze Zeit die Schrecken des Krieges hinter sich lassen. In einem Brief an seinen engen Freund Walter Rumsey Marvin schreibt er:

»Ich glaube nicht, daß ich je zuvor in einer Stadt gewesen bin, die so wunderschön ist wie Positano. Ich bin überwältigt und ersticke geradezu in soviel Schönheit - die Anblicke, die Gerüche, die sanfte Meeresbrise, die mir um die Ohren weht. Außerdem habe

* Dies erklärt auch, warum Dos Passos fließend Französisch sprach. Natalie Barney, Ernest Hemingway, Harold Stearns, Janet Flanner, Sylvia Beach und William Carlos Williams beherrschten die Sprache allerdings auch perfekt.

ich eines der besten Menüs vorgesetzt bekommen, die sich je ein Mensch ausgedacht hat: Risotto mit Omelett und Käse, und Apfelsinen, die so aussahen, wie ich mir immer die ›Äpfel‹ der Hesperiden vorgestellt habe, und einen leichten Rotwein, der nach steilen Hügeln schmeckte, und nach der großen, beglückenden Weite des Meeres, und der nach Thymian und Ginster und Mandelblüten und Rosmarin und Basilikum duftete, und nach dem wildwachsenden Lavendel, der wie samtene Bänder die rauhen Felsen umschlingt.«

Menü für John Dos Passos

Risotto mit Muscheln
Lauchfrittaten
Käseauswahl
Frische Apfelsinen
Leichter italienischer Rotwein

Risotto mit Muscheln:

Risotto mit Meeresfrüchten ist eine Spezialität der italienischen Küste, die Dos Passos bereiste. Verwenden Sie, wenn irgend möglich, italienischen Arborioreis, denn er besitzt die unvergleichbare Körnigkeit, die einen wahren Risotto ausmacht. Falls es Ihnen nicht gelingt, welchen zu besorgen, dann nehmen Sie statt dessen weißen Langkornreis.

Schrubben Sie 2 bis 3 Dutzend kleinere Muscheln unter kaltem Wasser sauber und geben Sie sie mit einer Tasse trockenem Weißwein in einen großen Topf. Bringen Sie den Weißwein langsam zum Kochen, verschließen Sie den Kochtopf und lassen die Muscheln bei niedriger Hitze köcheln, bis sich die Schalen leicht geöffnet haben. Lassen Sie sie abkühlen, bevor Sie das Fleisch aus den Schalen entfernen. Sieben Sie die Soße durch und geben Sie sie, zusammen mit einer weiteren Tasse trockenem Rotwein und 4 Tassen Wasser in eine große Kasserolle. Lassen Sie sie aufkochen und dann bei niedriger Hitze im verschlossenen Topf weiterköcheln.

Sautieren Sie in einer großen, schweren Kasserolle 1 kleingeschnittene Zwiebel und 1 zerquetschte Knoblauchzehe mit 2 EL Butter und 2 EL Olivenöl. Sobald die Zwiebel weichgekocht ist, geben Sie 2 EL zerkleinerte Petersilie hinzu. Lassen Sie das Ganze 1 Minute weiterkochen und geben Sie dann 2 Tassen Arborioreis in den Topf. Sautieren Sie etwa 1 Minute, bis sich der Reis mit den Zutaten gut vermischt hat. Stellen Sie nun Ihren Herd auf niedrige bis mittlere Hitze. Der Reis sollte anfangen sprudelnd zu kochen, sobald Sie die Soße hinzugeben. Nehmen Sie von dieser eine Tasse, schütten Sie sie über den Reis und rühren Sie ununterbrochen.

Vergessen Sie nicht, auch an den Rändern und am Boden des Topfes zu rühren! Geben Sie eine weitere Tasse Soße dazu und rühren Sie weiter. Falls Ihnen die Soße vorzeitig verkocht, können Sie sie mit ganz heißem Leitungswasser ergänzen. Zusammen mit der letzten Tasse Flüssigkeit sollten Sie die Muscheln sowie 1 TL Salz in die Kasserolle geben.

Die ganze Prozedur dauert etwa 30 Minuten. Der Risotto sollte, wenn er fertig ist, eine kremige Konsistenz haben und die Körner gerade noch fest sein. Mahlen Sie reichlich Pfeffer über das Gericht, bevor Sie es servieren.

Lauchfrittaten:

Das von Dos Passos erwähnte Omelett war mit an Sicherheit grenzender Wahrscheinlichkeit eine Frittata, eine Speise, die bei den Italienern ebenso beliebt ist wie das traditionelle Omelett bei den Franzosen. Eine Frittata wird langsam gegart, die Füllung wird meistens mit den Eiern vermischt, so daß ein festes, kuchenähnliches Gebilde entsteht, das, im Gegensatz zum Omelett, sowohl heiß als auch kalt zu genießen ist.

Schneiden Sie 4 lange Stangen Lauch, die Sie zuvor gesäubert haben, in etwa 1 cm breite Scheiben, die Sie anschließend in eiskaltes Wasser legen und ½ Stunde ziehen lassen. Gießen Sie dann das Wasser ab. Erhitzen Sie 3 EL Olivenöl in einer Bratpfanne, in dem auch der Lauch genügend Platz hat. Geben Sie ihn, sobald das Öl heiß ist, in den Topf und lassen ihn bei niedriger Hitze garen, bis er weich ist, also ca. 20 Minuten. Geben Sie Salz und Pfeffer hinzu und lassen Sie den Lauch in einer Schüssel auskühlen.

Schlagen Sie in einer Rührschüssel 6 Eier, die gerade Zimmertemperatur haben. Vermischen Sie sie mit dem inzwischen ausgekühlten Lauch und einer Prise Salz. Erhitzen Sie 1 EL Olivenöl in einer großen Omelettpfanne und geben Sie den Lauchbrei hinzu. Schwenken Sie die Pfanne dabei hin und her. Braten Sie dann die Mixtur etwa 10 Minuten bei niedriger Hitze. Sobald sich die Frittata vom Pfannenboden gelöst hat, wird sie mit Hilfe eines Tellers gewendet und noch mal 4 Minuten gekocht. Sie wird auf einem vorgewärmten Teller serviert.

Käseauswahl:

Wählen Sie italienische Käsesorten, zum Beispiel Taleggio, Bel Paese oder frischen Asiago, zusammen mit würzigen Sorten wie Gorgonzola oder Parmigiano.

Frische Apfelsinen:

Legen Sie die Apfelsinen so, wie sie sind, in eine schöne Schüssel. Geben Sie jedem Gast einen kleinen Teller und ein Messer, so daß er die Früchte selbst schälen und zerteilen kann. Nehmen Sie am besten Blutorangen, denn sie sind so saftig und aromatisch, daß sie ohne weiteres die von Dos Passos erwähnten »Äpfel der Hesperiden« sein könnten. Sind keine Blutorangen zu bekommen, können Sie aber auch Navelorangen oder Mandarinen anbieten.

Weinvorschläge:

Positano ist auf dem Festland, unweit der Insel Capri, innerhalb eines der Weingebiete der Campagna gelegen. Von dort stammt der bekannte Rotwein Vesuvio, der am Fuß des Vulkans Vesuv gezüchtet wird, sowie der Gragnano, von dem der Weinkenner Alex Lichine einst sagte, man solle ihn am besten »auf einer von Blumen überwachsenen Terrasse am Golf von Neapel genießen«. Aus Capri stammt ein leichter Rotwein, der passenderweise den Namen »Capri« trägt. Ich vermute, Dos Passos hat entweder den Gragnano oder den Capri getrunken.

1920

In den Vereinigten Staaten

… gründeten Robert McAlmon und William Carlos Williams in Greenwich Village die Zeitschrift *Contact* … Die New Yorker Gesellschaft zur Bekämpfung des Lasters zieht gegen Margaret Anderson und Jane Heap, die Herausgeberinnen der *Little Review*, vor Gericht. Man beschuldigt sie der Verbreitung obszöner Schriften, da sie Fortsetzungen des Romans *Ulysses* abgedruckt haben. Sie werden verurteilt und müssen 100 Dollar Bußgeld entrichten … F. Scott Fitzgeralds *Diesseits vom Paradies* erscheint.

In Paris

… kommen Ezra Pound, James Joyce, Bill Bird und, auf einen kurzen Besuch, Harald Loeb an … Sylvia Beach lernt James Joyce kennen … Natalie Barneys *Pensées d'une Amazone* wird erstmals veröffentlicht.

Sylvia Beach und James Joyce: Eine literarische Begegnung

✵

Sie waren schon ein seltsames Gespann - die korrekte Tochter eines Pfarrers aus New Jersey und ein halbblinder irischer Nationalist im selbstgewählten Exil. Aber ihre Begegnung im Jahre 1920 beim Abendessen eines gemeinsamen Freundes veränderte das Spektrum moderner Literatur für alle Zeiten. Sie war Sylvia Beach, die Inhaberin von Shakespeare and Company, der einzigen englischsprachigen Buchhandlung an der Rive gauche, und er war der Schriftsteller James Joyce.

Beach war 1916 nach Frankreich gekommen. Sie hatte als freiwillige Landwirtschaftsgehilfin in der Touraine gearbeitet und später als Sekretärin fürs Rote Kreuz in Serbien. Nach dem Krieg kam sie nach Paris, wo sie sich mit der Buchhändlerin Adrienne Monnier anfreundete, deren Buchhandlung am linken Seineufer bei den französischen Schriftstellern sehr beliebt war. Bald beschloß Beach, einen ähnlichen Laden für englischsprachige Leser zu eröffnen, und so wurde im November 1919 Shakespeare and Company gegründet. Ein Jahr später wurden die Geschäftsräume in die rue de l'Odéon Nr. 12 verlegt, und es herrschte bis 1941, als die Deutschen in Paris einfielen, reger Betrieb.

1920 hatte sich Joyce bereits mit seinem ersten Roman, *Ein Porträt des Künstlers als junger Mann,* in den Augen der Moderne als bedeutender Schriftsteller des neuen Jahrhunderts etabliert. Sein nächster Roman, *Ulysses*, der in Fortsetzungen erschien, war gerade dabei, ihm einen äußerst umstrittenen Status einzubringen. In den Vereinigten Staaten hatte die Bundespost schon vier Ausgaben der *Little Review*, die seit 1918 Fortsetzungen von *Ulysses* veröffentlichte, wegen angeblich obszönen Inhalts konfisziert und verbrannt. In England erging es Harriet Weaver, der Herausgeberin der literarischen Zeitschrift *Egoist*, ähnlich. Die sanfte Quäkerin hatte fünf Sequenzen von *Ulysses* abgedruckt, und ihre Leser hatten sich ebenfalls über den obszönen Inhalt beschwert. Weaver war nicht bereit, klein beizugeben, indem sie die Fortsetzungen einstellte, also stellte sie statt dessen die gesamte Zeitschrift ein und nahm sich als neues Projekt vor, *Ulysses* in Buchform herauszugeben. Im Sommer 1920 befand sich der gutmütige Joyce also im Mittelpunkt einer literarischen Kontroverse und war unfreiwillig zum Symbol des Kampfes um künstlerische Freiheit geworden.

Sylvia Beach gehörte zu seinen glühendsten Verehrern. In ihren Memoiren schildert sie die erste Begegnung mit Joyce, die bei André Spire, einem gemeinsamen Freund stattfand. Beach war vor lauter Ehrfurcht wie gelähmt, schreibt sie, so daß sie zunächst am liebsten weggelaufen wäre. Aber nach dem Abendessen hatte sie sich so weit beruhigt, daß sie sich aufmachen konnte, Joyce zu suchen, der sich während des Essens verdrückt hatte. Schließlich fand sie ihn, schüchtern zwischen zwei Bücherregalen versteckt. Sylvia machte sich mit ihrem Idol bekannt und nahm ihn endlich einmal richtig in Augenschein:

»Er war mittelgroß, dünn, seine Haltung leicht gebeugt, aber anmutig. Seine Hände fielen auf; sie waren sehr schmal, und am Mittel- und Ringfinger der linken Hand trug er Ringe mit Steinen in wuchtigen Fassungen. Seine Augen waren tiefblau und wunderschön, und es ging ein geniales Leuchten von ihnen aus. Allerdings bemerkte ich, daß das rechte Auge nicht ganz normal aussah und daß sein rechtes Brillenglas dicker war als das linke. Er hatte dichtes, sandfarbenes, gewelltes Haar, das über seinen langen Schädel nach hinten fiel und seine hohe, zerfurchte Stirn freilegte. Er wirkte sensibler als jeder andere Mensch, der mir je begegnet ist. Er hatte helle, ziemlich gerötete Haut und eine Menge Sommersprossen. Er trug eine Art Ziegenbart, seine Nase war wohlgeformt und sein Mund schmal und scharf geschnitten. Ich hatte den Eindruck, daß er sehr gutaussehend gewesen sein muß, als er noch jung war.«

Am nächsten Tag bereitete Joyce Sylvia eine freudige Überraschung, indem er, mit einem dunklen Anzug, schmutzigen weißen Turnschuhen und einem Gehstock bewaffnet, in ihre Buchhand-

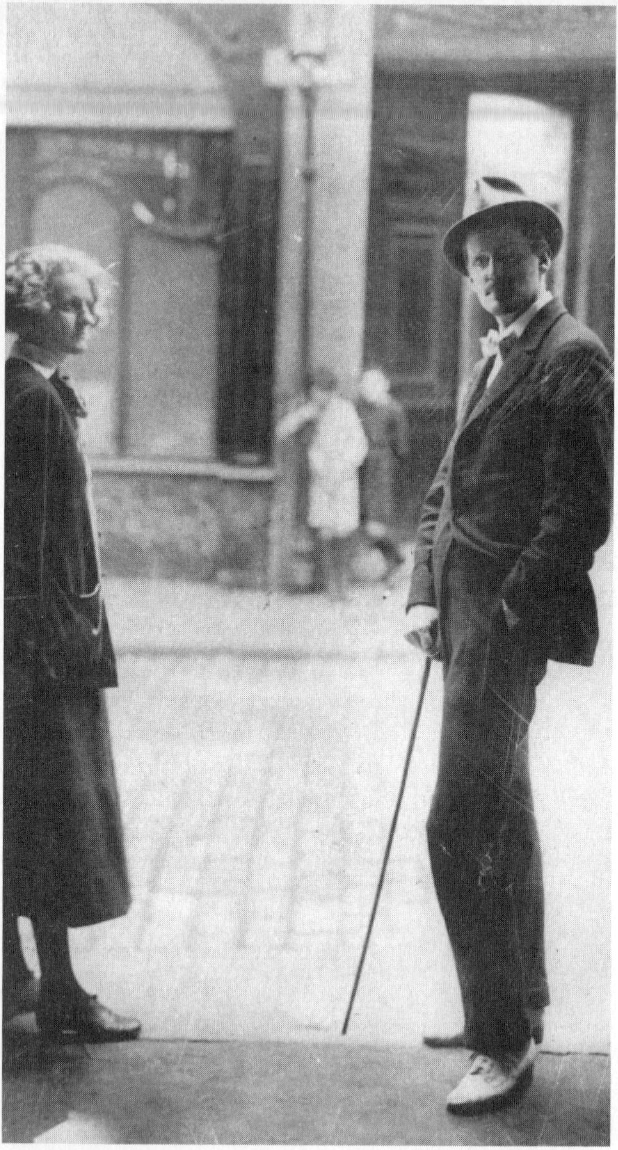

Sylvia Beach und James Joyce um 1922 im Eingang von »Shakespeare and Company«, rue de l'Odéon

lung kam. So fing die Freundschaft an. Sylvia gefiel Joyces steife, würdevolle Art und seine vornehmen, altmodischen Manieren, und er lernte sie als gute Zuhörerin mit hervorragenden Literaturkenntnissen kennen und schätzen. Joyce trat gleich am ersten Tag Sylvias Leihbibliothek bei und lieh sich ein Theaterstück seines irischen Landsmannes John Synge aus.

Im September 1920 erstattete die New Yorker Gesellschaft zur Bekämpfung des Lasters Anzeige gegen Margaret Anderson und Jane Heap. Sie behauptete, die Juli-/Augustausgabe der *Little Review* habe Auszüge obszönen Inhaltes aus *Ulysses* abgedruckt. Anderson und Heap wurden verhaftet und im Februar 1921 vor Gericht gestellt, wo man sie für schuldig befand, sie zu einer Geldstrafe von je 50 Dollar verurteilte und ihnen untersagte, weiterhin Auszüge aus *Ulysses* in ihrer Zeitschrift zu veröffentlichen. Ungefähr zur selben Zeit kam Harriet Weaver voller Bedauern zu dem Schluß, daß sie ihr Vorhaben, *Ulysses* in England herauszugeben, aufgeben mußte, weil es unmöglich war, eine Druckerei zu finden, die sich bereit erklären würde, ein Buch von Joyce zu drucken.

Diese Ereignisse setzten Joyces Hoffnung, sein Buch in englischer Sprache veröffentlicht zu sehen, ein jähes Ende. Als er Sylvia von seiner Enttäuschung berichtete, bot sie ihm sofort an, den Roman über Shakespeare and Company zu publizieren. Joyce akzeptierte, ohne zu zögern.

Später schrieb Beach, wie sie, »vollkommen unbelastet von Kapital, Erfahrung und all den anderen Voraussetzungen eines Verlegers, mit *Ulysses* loslegte«. Tags darauf schloß sie den endgültigen, wenn auch nur mündlichen Vertrag ab. Es war der Anfang eines der großartigsten literarischen Projekte des Jahrhunderts.

Menü für Sylvia Beach und James Joyce

Austern in der Halbschale
Kalter Schinken, in Madeira geschmort
Œufs en gelée
Spargel in Rotweinmayonnaise
Salade Aixoise
Auswahl französischer Käsesorten
Baguettes, Brötchen, verschiedene Brotsorten
Obst der Saison

Die Beschreibungen des »köstlichen kalten Soupers« , bei dem sich Beach und Joyce erstmals begegneten, sind nicht sehr präzise. Aus ihnen geht nur hervor, daß das Menü aus Fleisch, Geflügel, Fisch, Salat, Gebäck und Baguettes bestand. Das kalte Souper, das ich an dieser Stelle vorschlage, ist ein repräsentatives Beispiel für jene Art Mahlzeit, die es an jenem Abend bei André Spire gegeben hat.

Austern in der Halbschale:

Was für Austern Sie bekommen, hängt davon ab, wo Sie leben. Versuchen Sie, eine möglichst vielfältige Auswahl zu treffen, denn es macht Spaß, die unterschiedlichen Geschmacksrichtungen zu vergleichen. Wenn es bei Ihnen allerdings nur eine Sorte gibt, ist das auch nicht weiter schlimm.

Kaufen Sie dicht verschlossene Austern, sechs Stück pro Person. Eine Auster, die ungewöhnlich leicht ist, ist tot, und bei einer besonders schweren ist die Schale meistens mit Sand oder Schlamm gefüllt. Schrubben Sie die Schalen gründlich mit einer harten Bürste ab. Falls Sie sie nicht sofort verwenden wollen, bedecken Sie sie mit feuchten Papierhandtüchern und mit Folie und stellen sie in den Kühlschrank. Legen Sie sie auf die breitere, nach außen gewölbte Seite, damit sie möglichst feucht gelagert sind. Um die Schalen zu öffnen, brauchen Sie ein Austernmesser. Legen Sie die Auster auf eine stabile Unterlage mit der gewölbten Seite nach unten und dem Gelenk nach vorne. Suchen Sie mit Ihrem Finger in der Nähe des Gelenks eine Stelle, wo Sie die Messerspitze einführen können. Stemmen Sie das Gelenk auf und entfernen Sie die obere Schale, wobei Sie versuchen sollten, möglichst wenig Saft zu verschütten. Lösen Sie mit dem Messer die Auster von ihrer unteren Schale, lassen Sie sie aber darin liegen. Geben Sie die Austern auf eine mit Steinsalz oder zerstoßenem Eis ausgelegte Servierplatte und bieten Sie dazu Zitronenscheiben oder eine Soße aus Champagneressig, zerkleinerten Schalotten und aufgebrochenen schwarzen Pfefferkörnern an.

Kalter Schinken, in Madeira geschmort:

Entfernen Sie von einem ca. 2 Kilo schweren Schinken die Schwarte und den Fettrand und trennen Sie den Knochen heraus. Geben Sie 2 Tassen Madeira und drei Tassen frische oder konservierte Rinderbrühe in einen Schmortopf, legen Sie den Schinken hinein und stellen den Topf 1 ½ bis 2 Stunden in den auf 160 Grad vorgeheizten Backofen. Bestreichen Sie das Fleisch alle 20 Minuten mit dem ausgetretenen Bratensaft. Wenn der Schinken gar ist, wird er von allen Seiten leicht mit Puderzucker bestäubt und weitere 10 Minuten in den Backofen gestellt, bis er leicht angebräunt ist. Legen Sie nun den Schinken zum Auskühlen auf eine Servierplatte. Vor dem Auftragen wird er in dünne Scheiben geschnitten und auf der Platte dekoriert. Servieren Sie ihn mit Senfsoße (siehe Seite 74).

Œufs en gelée:

Die Mengenangabe geht von 4 Eiern aus. Weichen Sie 1 EL Gelatine in ½ Tasse Wasser ein und verrühren Sie sie mit ¼ Tasse selbstgemachter oder fertiger Hühnerbrühe. Nehmen Sie den Topf vom Herd und geben Sie weitere 1 ¼ Tassen kalter Brühe, sowie ¼ Tasse Tomatensaft, 1 ½ EL Zitronensaft, ½ TL Salz und ¼ TL Paprika hinzu. Gießen Sie den Aspik in Formen, so daß die Ränder glasiert sind und die Füllmenge etwa 1 cm hoch ist. Kühlen Sie den Aspik, bis er geliert. Legen Sie nun in die Mitte jeder Form ein gekühltes pochiertes Ei und füllen Sie die Form bis zum Rand mit dem übrigen Aspik, den Sie wiederum kühlen, bis er geliert. Entfernen Sie nun die Eier in Aspik aus den Formen und arrangieren Sie sie auf einer Servierplatte. Das Rezept für pochierte Eier finden Sie im Kapitel über Bricktop, auf Seite 161.

Spargel mit Rotweinmayonnaise:

Waschen Sie ca. 1 Kilo Spargel, und schneiden Sie die unteren Enden ab. Stellen Sie sie aufrecht in einen Topf mit ca. 1 cm Wasser, das Sie zum Kochen bringen. Decken Sie den Topf ab und lassen den Spargel kochen, bis er zart ist. Lassen Sie ihn gut abtropfen und arrangieren Sie ihn auf einer Servierplatte. Bieten Sie dazu eine kleine Schale Rotweinmayonnaise an.

Rotweinmayonnaise:

Geben Sie 2 Eidotter in eine große Schüssel und schlagen sie mit einem Schneebesen gut durch. Rühren Sie nach und nach je ½ TL Salz, Zitronensaft oder Kräuteressig und, je nach Geschmack, eine Prise feingemahlenen weißen Pfeffer hinein. Mischen Sie anschließend tropfenweise 2 Tassen Olivenöl hinzu. Das Öl wird die flüssige Mischung andicken, so daß Sie 2 Tassen Mayonnaise zur Verfügung haben, wovon Sie eine aufheben und die andere sofort verwenden können. Mischen Sie der Menge, die Sie zum Spargel anbieten wollen, ½ Tasse trockenen Rotwein bei.

Salade Aixoise:

Die Salatsoße wird zubereitet, indem man folgende Zutaten in einer kleinen Rührschüssel vermischt: 6 EL hochwertiges Olivenöl, 3 El Rotweinessig, 1 EL Kapern, 1 TL kleingehackten Estragon, Petersilie, Salz und Pfeffer. Decken Sie die Schüssel ab und lassen die Soße bei Zimmertemperatur mindestens eine Stunde lang ziehen. Geben Sie nun folgende Zutaten in eine große Salatschüssel: 2 gekochte, in Viertel geschnittene Artischockenherzen, eine gute Handvoll frischer grüner Stangenbohnen (leicht angekocht, aber immer noch fest), 3 mittelgroße gekochte Kartoffeln, die Sie zu mundgerechten Happen geschnitten haben, 2 mittelgroße, entkernte, in Scheiben geschnittene Tomaten, eine grüne Paprika, die Sie ebenfalls entkernt und in Streifen geschnitten haben, 4 Sardellenfilets, die Sie zuvor mit kaltem Wasser abgespült und in etwa 1 cm lange Stücke geschnitten haben, und ¼ bis ½ Tasse Niçoise-Oliven. Gießen Sie die Soße über den Salat und heben Sie sie unter.

1921

In den Vereinigten Staaten

... erscheint in New York die erste Ausgabe von *Broom*. Die Herausgeber sind Harold Loeb, Matthew Josephson, Malcolm Cowley, Slater Brown und Alfred Kreymborg ... Josephine Baker tritt in *Shuffle Along* auf. Es ist das erste Broadwaymusical, das von Schwarzen geleitet, geschrieben und gespielt wird ... Es erscheinen die Bücher: *Drei Soldaten* von John Dos Passos, *Die Hauptstraße* von Sinclair Lewis und *America and the Young Intellectual*, herausgegeben von Harold Stearns ...

In Paris

... treffen ein: Malcolm Cowley, Ernest Hemingway, Thornton Wilder, Robert McAlmon, Sherwood Anderson, Man Ray, Berenice Abbott, Marsden Hartley, Djuna Barnes, Gerald und Sara Murphy, Virgil Thomson, Harold Loeb und besuchsweise F. Scott und Zelda Fitzgerald ... Charlie Chaplin besucht die französische Premiere von *The Kid* und wird dabei von der hysterischen Menge drangsaliert ... Man Ray fängt an, mit seinen Rayographien zu experimentieren und lernt auf dem Montparnasse Kiki kennen ...

Robert McAlmon:
Bei den Schwiegereltern

✳

Das Leben des Robert McAlmon war die Verkörperung des Konjunktivs: er hätte gewesen sein können, er wäre geworden, er hätte sein sollen - wenn diese oder jene Voraussetzung etwas anders gewesen wäre. Es gehört zu den größten Tragödien der Pariser Jahre, daß sein Leben nicht so geworden ist, wie es hätte sein sollen.

McAlmon war in Minnesota geboren. Er ging kurz aufs College, brach sein Studium aber im Jahre 1918 ab, um zur Luftwaffe zu gehen, die damals gerade flügge wurde. Das Erlebnis des Fliegens verwandelte er bald in Poesie, und bereits 1919 wurden seine ersten sechs Gedichte in der renommierten Zeitschrift *Poetry* abgedruckt. Nach einem kurzen, ereignislosen Aufenthalt in Chicago zog McAlmon nach Greenwich Village, das gerade seine Blütezeit als Hochburg der Boheme genoß. Er verdiente dort an der Cooper Union als Aktmodell einen Dollar die Stunde.*

Während dieser Zeit lernte er die Schriftsteller William Carlos Williams und Djuna Barnes, die Dichterin Marianne Moore und den Maler Marsden Hartley kennen. Bald taten sich McAlmon und Williams zusammen, um die kurzlebige, aber einflußreiche Literaturzeitschrift *Contact* zu gründen, die unter anderem Texte von Ezra Pound, Kay Boyle, Wallace Stevens, Marianne Moore und H. D. veröffentlichte. Als den beiden Herausgebern und Verlegern das Geld ausging, mußte die Zeitschrift eingestellt werden.

Etwa um dieselbe Zeit, im frühen Winter des Jahres 1921, lernte

* McAlmon war einer der ersten amerikanischen Männer, die sich als Aktmodell verdingten.

McAlmon die englische Dichterin Bryher (geborene Winifred Ellerman) kennen. Von heute auf morgen hatten sie geheiratet und sich auf den Weg nach Europa gemacht. Es war eine reine Zweckehe, denn McAlmon interessierte sich ebensowenig für Frauen wie Bryher sich zu Männern hingezogen fühlte. Ein Ehemann bot Bryher das Alibi, das sie brauchte, um ihr muffiges Elternhaus in London verlassen und auf den Kontinent zu ihrer Geliebten ziehen zu können, der Verfasserin metaphorischer Lyrik H. D. (Hilda Doolittle). McAlmon wiederum profitierte insofern von der Heirat, als daß er nunmehr nicht mehr von der Hand in den Mund leben mußte, da Bryhers Vater, der Reeder John Ellerman, einer der wohlhabendsten Bürger Englands war.

»Man muß dabei bedenken« schrieb Bryher Jahre später in ihren Memoiren, »daß ich eher mit französischen als mit englischen Bräuchen aufgewachsen bin und daher Zweckehen etwas Selbstverständliches für mich waren. Ich bin damals gar nicht erst auf die Idee gekommen, darin etwas Ungewöhnliches zu sehen.« McAlmon fühlte sich ebenfalls wohl; in einem Brief aus Paris an Williams betont er, daß seine Ehe auf gemeinsamem Einverständnis beruhe und keine romantische, sondern eine rein rechtliche Verbindung sei.

Nach einem kurzen Aufenthalt in London, anläßlich dessen McAlmon von den ahnungslosen Ellermans herzlich empfangen wurde, reiste er mit Bryher zum Kontinent. Dort trennten sich ihre Wege: sie fuhr nach Italien zu H. D. und er nach Paris, seinem literarischen Schicksal entgegen.

Vom ersten Moment an schien sich alles verschworen zu haben, um dem jungen McAlmon in Paris zum Durchbruch zu verhelfen. Als Schriftsteller hatte er bereits begonnen, als »vielversprechend« zu gelten, darüber hinaus war er charmant, intelligent und geistreich, und jetzt war er auch noch reich, da er von Bryhers Vater ein Stipendium erhielt. Er schloß mühelos Kontakte, und schon bald zählten James Joyce, Nancy Cunard, Man Ray, Djuna Barnes, Jean Cocteau, Marcel Duchamp, Nina Hamnett, Harold Loeb, Ezra Pound, Kay Boyle und Constantin Brancusi zu seinem Freundeskreis, ebenso Ernest Hemingway und Gertrude Stein, bis er sich mit den beiden durch einen erbitterten Streit entzweite. Jahre später schrieb Sylvia Beach, McAlmon sei der beliebteste Mann der Rive gauche gewesen. Unter den englischsprachigen Auswanderern genoß er ein solches Ansehen, daß sie ihm, wenn er sein Stammcafé wechselte, größtenteils folgten.

Alsbald gründete McAlmon einen Verlag, die inzwischen legendären Contact Editions. Der Verlag existierte von 1922 bis 1931, und es erschienen in diesem Zeitraum zweiundzwanzig Bücher, die alle so erfolgreich waren, daß McAlmon noch heute zu den bedeutendsten Vertretern der amerikanischen Verlagsgeschichte zählt. Unter anderem erschien bei Contact Hemingways Erstlingswerk *3 Stories and 10 Poems*, Gertrude Steins *The Making of Americans*, Djuna Barnes' *Ladies'Almanach* und die *Contact Edition of Contemporary Authors*, die Texte von Joyce, Pound, Ford, Barnes, Stein und Hemingway enthielt, sowie sechs seiner eigenen Bücher, beispielsweise *A Hasty Bunch* und *Post-Adolescence*, die beide ausgezeichnete Kritiken bekamen. Die meisten Publikationen des Contact Verlages erschienen in limitierter Auflage von dreihundert Exemplaren und sind heute ausgesprochen wertvoll.

McAlmon war äußerst großzügig. Oft schenkte er seinen Freunden Geld, um ihnen über Durststrecken hinwegzuhelfen. James Joyce, den er verehrte, bekam von ihm ein monatliches Stipendium über 150 Dollar. Dem verarmten Poeten Emanuel Carnevali ermöglichte er einen Jahresaufenthalt in einem Privatsanatorium, als dieser an einer Gehirnhautentzündung erkrankte. Wie es scheint, griff er auch Djuna Barnes unter die Arme, und seine Großzügigkeit gegenüber Kay Boyle war kaum zu überbieten. Nach und nach fing jedoch der Glanz des Goldjungen an, zu verblassen. Sein schriftstellerischer Erfolg blieb aus, was ihn derart verbitterte, daß er aggressiv wurde und dazu neigte, seine erfolgreicheren Freunde abzuwerten.*

* McAlmon bekam zwar einiges an guten Kritiken, aber seine Kollegen waren der Meinung, daß er sich beim Redigieren und Korrekturlesen mehr Mühe geben solle. Dagegen wehrte er sich mit dem Argument, daß der ursprüngliche Geistesblitz genau so enthalten bleiben solle, wie er spontan zu Papier gebracht wurde. Die Qualität seiner Arbeit litt unter dieser Haltung; zu oft gingen wirklich brillante Ideen in unausgefeilten, schlampigen Formulierungen unter. Ein beliebter Vers aus jener Zeit lautet: »Lieber bleibe ich in Oregon/ Und verpacke Salmen/ Als daß ich ziehe aus nach Nice/ Und schreib' wie Robert McAlmon.«

In einem Brief an seinen Verleger, Maxwell Perkins, schreibt F. Scott Fitzgerald:

»McAlmon ist eine verbitterte alte Ratte, und nichts, was er sagt oder tut, kann mich mehr wundern. Als Schriftsteller hat er versagt, und jetzt versucht er, sich zu bestätigen, indem er sich mit den hohen Tieren wie Joyce und Stein verbrüdert und alles andere verachtet. Der Streit, den er vor einigen Jahren mit Ernest (Hemingway) hatte, resultierte zum Teil daraus, daß er Ernest weismachen wollte, ich sei eine Tunte. In seiner Bösartigkeit entwickelt er weiß Gott mehr kreative Phantasie als in seiner Arbeit. Als nächstes erzählte er Callaghan, daß Ernest eine Tunte sei. Er ist ein Mensch, den man meiden sollte.«

McAlmon hatte schon immer so viel getrunken, daß er Anlaß zum Gerede bot, aber nach und nach steigerte sich die Angewohnheit bis ins Skandalöse. »Oft gingen die Getränke auf ihn, und leider noch öfter in ihn hinein« , klagt Sylvia Beach. »Über McAlmon sagte Hemingway einmal, ich sehe es nicht gerne, wenn er meine Tantiemen auskotzt.« Es gibt genug Berichte aus dieser Zeit, darüber, wie er seine Freunde in aller Öffentlichkeit mit unflätigen Ausdrücken beschimpfte, das Publikum der Nachtklubs mit Obszönitäten schockierte und in den Cafés auf den Tischen tanzte und dabei mit seiner Bisexualität prahlte. Bei verschiedenen Gelegenheiten dieser Art spendierte ihm die Nachtclubinhaberin Bricktop einen Mickey Finn, um ihn versöhnlich zu stimmen und davon abzubringen, sich mit ihren Gästen herumzustreiten.

McAlmons Leben wurde zu einem Teufelskreis. Je mehr er trank, desto weniger schrieb er, je weniger er schrieb, desto geringer wurden seine Chancen, es doch noch zu Anerkennung und Erfolg zu bringen. Je weniger er anerkannt wurde, desto stärker wurde seine Verbitterung, je verbitterter er war, desto mehr trank er. John Glassco erinnert sich an einen Abend in den zwanziger Jahren, als er mit McAlmon herumzog: »McAlmon konnte erstaunlich viel Alkohol trinken. Innerhalb einer halben Stunde hatte er mühelos ein halbes Dutzend doppelte Whiskeys heruntergekippt. Seine Konversation bestand aus zusammenhanglosen Kraftausdrücken und heftigen, abfälligen Äußerungen. Die Anarchie seiner Sprache war faszinierend. Alle Leute waren in seinen Augen Idioten oder arrogante Schnösel. Von seinen Freunden sprach er mit grenzenloser Verachtung.«

Diese Verachtung alles und jedem gegenüber nahm immer mehr zu. In seinen Memoiren, *Being Geniuses Together*, in denen er die Jahre in Paris schildert, hat er für kaum jemanden mehr ein freundliches Wort übrig, am allerwenigsten für Hemingway, Stein und T. S. Eliot. Ende der zwanziger Jahre waren McAlmon nur noch wenige Freunde geblieben. Als er schließlich in den dreißiger Jahren in die Vereinigten Staaten zurückkehrte, geriet er in Vergessenheit. 1956 starb er, und es gab kaum jemanden, der ihn betrauerte.

Einer der wenigen wirklich glücklichen Momente, die McAlmon in *Being Geniuses Together* beschreibt, ist seine erste Begegnung mit seinen Schwiegereltern in London, als Paris, mit allem, was es ihm bescheren sollte, noch in weiter Ferne lag:

»Die Lady holte Bryher und mich von Victoria Station ab. Sie war süß und charmant und liebevoll, denn ich war ja jetzt ihr guter Junge, eines ihrer Kinder. Das war mir ganz recht, da ich sie ausgesprochen gern hatte und immer noch habe. Uns erwartete ein angenehmes Mahl ... Es gab Kaviar mit süßen Pfannkuchen, die mit dickflüssiger Sahne übergossen waren. Darauf folgte frischer Lachs mit einer würzigen Soße, sowie Rebhuhn, und anschließend Apfel- und Himbeertorte, ebenfalls mit Sahne. Es war ein Essen, von dem man noch in der Erinnerung zehren kann.«

Menü für Robert McAlmon und Bryher

Kaviar mit Blinis und Sahne
Frische Lachssteaks mit Sahne
Gebratenes Rebhuhn
Himbeertorte mit Schlagsahne

Kaviar mit Blinis und Sahne:

In den zwanziger Jahren waren die Inhaber vieler Pariser Restaurants russische Auswanderer. Eines der beliebtesten war die Ermitage Russe in der Boissy d'Anglais 20, nicht weit entfernt von Jean Cocteaus Lieblingsnachtclub, Le Bœuf sur le Toit. Zu den beliebtesten Gerichten des Lokals gehörten Blinis mit Sahne, die zweifellos mit den von McAlmon genannten Pfannkuchen mit Kaviar identisch sind.

Lösen Sie ½ Päckchen bzw. ½ EL Trockenhefe in 1 ½ Tassen lauwarmer Milch auf. Rühren Sie aus ½ Tasse Weißmehl, ½ Tasse Buchweizenmehl, ½ TL Salz, 2 TL Zucker, der Hefe und 3 Eidottern einen Teig an. Stellen Sie ihn warm und lassen ihn etwa 1 Stunde gehen, bis sich sein Umfang verdoppelt hat. Rühren Sie je ½ weitere Tasse Weiß- und Buchweizenmehl sowie 1 ½ Tassen Milch in den Teig, der nun die Konsistenz dickflüssiger Sahne haben sollte. Lassen Sie ihn erneut eine gute Stunde gehen. Schlagen Sie drei Eiweiß zu Schnee, den Sie auf die Blinis geben und diese einmal umschlagen, so daß sie Teigtaschen bilden. Braten Sie die Blinis auf jeder Seite etwa ½ Minute in heißer Butter und stellen Sie sie anschließend warm. Blinis sollten hauchdünn sein und einen Durchmesser von ca. 7 cm haben. Bestreichen Sie jeden mit etwas heißer Butter und legen Sie immer 2 bis 3 übereinander. Geben Sie soviel Kaviar, wie Sie sich leisten können, auf die Stapel, sowie je 2 TL russische Smetana. (Diese ist ähnlich wie saure Sahne, nur dünnflüssiger und im Geschmack kräftiger. Sie können sie selbst herstellen, indem Sie in einen guten ½ Liter süße Sahne 1 TL saure Sahne einrühren und das Ganze über Nacht an einem warmen Ort ziehen lassen. Direkt vorm Auftragen wird die Sahne geschlagen.) Ratschläge, die Sie beim Kauf von Kaviar beachten sollten, finden Sie auf Seite 190, im Kapitel über Harry und Caresse Crosby.

Frische Lachssteaks mit Sahne:

Dieser Menüvorschlag basiert auf einem traditionellen englischen Rezept für die Zubereitung von Lachs.

Schneiden Sie 2 bis 3 Schalotten in Würfel und sautieren Sie sie in etwas Butter. Geben Sie 4 Lachssteaks zusammen mit den Schalotten, ½ Tasse süßer Sahne, einer Prise Salz und frisch gemahlenem schwarzem Pfeffer in einen flachen Schmortopf mit Deckel. Verschließen Sie den Topf und stellen Sie ihn bei ca. 180 Grad 12 Minuten in den Backofen. Garnieren Sie den Lachs mit Zitronenscheiben und Petersilie und bieten Sie ihn zusammen mit der Sahnesoße auf einer Servierplatte an.

Gebratenes Rebhuhn:

In den Vereinigten Staaten ist das Wort »partridge« (zu deutsch: Rebhuhn - Anm. d. Übers.) ein umfassender Begriff, der das Wald-, das Moorhuhn, die Wachtel und den Fasan bezeichnet.

Weiden Sie 4 Moorhühner oder 8 Wachteln aus und reiben Sie sie von innen und außen mit Brandy und Zitronensaft ein. Bestreichen Sie die Vögel anschließend mit Butter, Salz und Pfeffer und befestigen mit einem Bindfaden an jedem ein Stück Speck. Legen Sie sie, mit der Brust nach unten, in einen offenen Schmortopf, den Sie in den auf 220 Grad vorgeheizten Backofen stellen. Reduzieren Sie umgehend die Hitze auf 180 Grad. Rechnen Sie 20 bis 25 Minuten Garzeit je 500 Gramm. Nach etwa einem Drittel der entsprechenden Zeit werden die Vögel gewendet. Bestreichen Sie sie in regelmäßigen Abständen mit dem austretenden Bratfett. Etwa 10 Minuten vor Ende der Garzeit entfernen Sie die Speckstücke und lassen die Vögel anbraten. Nach etwa 5 Minuten können Sie sie mit Bratensoße beträufeln und auf einer mit Kresse garnierten Servierplatte auftragen.

Himbeertorte mit Schlagsahne:

Vermischen Sie ½ Tasse Backfett mit 1 EL gekühlter Butter und rühren Sie in die halbe Menge dieser Mixtur mit Hilfe einer Gabel oder eines Teiglöffels 1 Tasse gesiebtes Weißmehl und ½ TL Salz. Anschließend arbeiten Sie das übrige Backfett in den Teig ein, bis er aus ungefähr erbsengroßen Klumpen besteht. Dann geben Sie 2 EL Wasser hinzu und kneten den Teig mit den Händen, bis man eine Kugel daraus formen kann. (Gegebenenfalls werden Sie noch mehr Wasser hinzugießen müssen, damit er diese Konsistenz erlangt.) Decken Sie ihn nun mit Wachspapier ab und legen ihn 1 Stunde in den Kühlschrank. Danach rollen Sie den Teig aus und legen ihn in eine mit Butter eingefettete Backform, die einen Durchmesser von ca. 25 cm haben sollte. Legen Sie auch den Rand der Form aus, so daß die Torte, wenn sie fertig ist, eine wellenförmige Kruste hat. Aus dem Teig, den Sie übrigbehalten, formen Sie wiederum eine Kugel, die Sie ausrollen und in Streifen schneiden. Damit bedecken Sie die Torte gitterförmig, sobald Sie sie gefüllt haben.

Waschen Sie 4 Tassen Himbeeren, geben Sie sie zusammen mit ½ Tasse Zucker, 2 EL Pfeilwurz und 2 EL frischgepreßtem Zitronensaft in eine Schüssel, rühren vorsichtig um und lassen die Mischung 10 Minuten ziehen, bevor Sie sie in die Backform geben. Flechten Sie die Teigstreifen zu einem Gitter, das Sie oben auf die Torte legen. Stellen Sie die Backform 35 bis 45 Minuten in den auf 180 Grad vorgeheizten Ofen, bis die Kruste goldbraun gebacken ist. Die Torte wird heiß serviert. Dazu gibt es einen Krug frische Sahne.

Nina Hamnett und Jean Cocteau: Einladung zum Tee

✳

Die Malerin Nina Hamnett war einer der echten Sterne am Himmel des Montparnasse. Glühend und glitzernd stand sie im Mittelpunkt des Mikrokosmos an der Rive gauche. Ihre Affären und Freundschaften zogen ihre Bahnen durch den Kreis der bekannten Künstler; von so manch einem wurde sie in Öl, Stein oder auf Papier verewigt. James Joyce bezeichnete sie als eine der vitalsten Frauen, die er je kennengelernt habe, Jimmie the Barman nannte sie die Bühnenmanagerin des Dingo und des Dôme, und Robert McAlmon schwärmte von ihrem wachen Geist, von der Tatsache, daß sie über alles und jeden Bescheid wußte, und vor allem davon, daß sie niemals eine gute Geschichte auf Kosten der Wahrheit verfälschte.

Hamnett war mit einer grenzenlosen Energie überall mitten im Geschehen: für André Gide sang sie und spielte Gitarre, am selben Abend spielte sie mit Rudolph Valentino vierhändig Klavier und unterbrach eben mal kurz die Darbietung, um ihm James Joyce vorzustellen, und ein paar Stunden später zog sie ihr juwelenbesetztes Ballkleid an, das sie irgendwo geschenkt bekommen oder second-hand gekauft hatte, um in Gesellschaft eines Grafen die Nachtclubs unsicher zu machen. Da sie, wie sie selbst einmal sagte, übermäßig eitel und stolz auf ihre Figur war, zog sie sich häufig auf Parties nackt aus und tanzte. Sie liebte es, in den Cafés Gedichte zu rezitieren oder zu singen und dabei Gitarre zu spielen. Zimperliche Zeitgenossen konnten allerdings nicht immer ihre Begeisterung teilen, da sie Seemannslieder, wie »Das Dienstmädchen aus der Drury Lane« und »Sie war arm, aber ehrlich«, bevorzugte.

Dann waren da die Ausflüge in die Bretagne, Céret und Collioure, stets mit der neuen großen Liebe im Schlepptau, in den meisten Fällen ein Maler. Und die Abende, die sie damit verbrachte, als Bandit verkleidet durch die Straßen zu ziehen. Und dann gab es noch die endlosen Parties bei der Gräfin oder dem Prinzen Sowieso und die Nächte - eigentlich fast jede Nacht - im Nachtclub, der am meisten en vogue war, Le Bœuf sur le Toit. Hamnetts Autobiographie ist bis zu den letzten Seiten voll mit durchzechten Nächten: »Dann gingen wir in Les Halles und bestellten Abendessen oder Frühstück oder beides, jedenfalls mit Weißwein, und waren gegen acht Uhr morgens wieder auf dem Montparnasse.« - »Wir kamen gegen neun Uhr morgens zurück zum Montparnasse.« - »Ich kam um zehn vor drei nach Hause und war mit mir und der Welt sehr zufrieden.« - »Schließlich ging ich um halb sechs Uhr morgens nach Hause.« Und so weiter.

Das Erstaunlichste an Nina Hamnett ist eigentlich, daß es ihr trotz ihres abenteuerlichen Lebenswandels mit all den Nächten, in denen der Alkohol in Strömen floß, gelungen ist, eine ausgezeichnete Malerin zu werden, die im Laufe der Jahre eine Menge produzierte. »Il faut travailler«, war ihr Motto, und daran hielt sie sich auch. Hamnett war die Tochter eines englischen Offiziers. Sie brach, sobald sie es konnte, aus diesem bürgerlichen Milieu aus, absolvierte an der Londoner School of Art ihr Kunststudium, um zunächst eine Weile in Robert Frys Omega Workshop mitzuarbeiten und anschließend Stoffe mit innovativem kubistischem Design herzustellen. 1912 fuhr sie im Alter von zweiundzwanzig Jahren nach Paris. Der kurze Aufenthalt genügte ihr, um zu der Überzeugung zu gelangen, daß sie unbedingt dort leben sollte, also sorgte sie dafür, daß dies bald geschah.

Bald hatte sie sich mit den Gurus der Kunstszene und der Crème de la crème des Adels angefreundet. Es gab wohl seinerzeit niemanden in Paris, der sich mit einem derart vielfältigen Freundeskreis brüsten konnte wie Nina Hamnett. Dazu gehörten Amedeo Modigliani (dessen Studio sie übernahm, als er starb), Man Ray, Guillaume Apollinaire, Lady Asquith, Constantin Brancusi, Kiki, Nancy Cunard, Ronald Firbank, James Joyce, Fernand Léger, Prinzessin Murat, Robert McAlmon, Kay Boyle, Francis Picabia, Arthur Rubinstein und die Sitwells. Besonders eng war sie mit Jean Cocteau, dem jungen französischen Dichter, Maler und Cineasten befreundet. Der opiumsüchtige Cocteau war dank seiner Brillanz, Eleganz und seines recht grausamen Humors überall ein gerngesehener Gast. In ihrer atemlosen, höchst unterhaltsamen Autobiographie *Laughing Torso* schildert Hamnett den Abend, als sie Osbert Sitwell mit Cocteau bekannt macht:

»(Der Komponist) Willie Walton hielt sich auch gerade in Paris auf, und an diesem Abend aßen wir alle zusammen. Osbert sagte mir, daß er mich gerne seinem Freund Sir Coleridge Kennard vorstellen würde, der wiederum gerne Cocteau und Radiguet kennenlernen wolle. Sir Coleridge besaß offenbar einen Rolls-Royce, und Osbert meinte, ich sollte einen Tag ausmachen, und dann würden sie mich von meinem Atelier abholen. Als es soweit war, zog ich mein bestes Kleid an und stellte mich an die Eingangstür. Ich freute mich schon darauf, die Nachbarn und vor allem meine Vermieterin zu beeindrucken, aber leider kamen sie mit einem alten, klapprigen Taxi angefahren, was mich bitter enttäuschte. Wir fuhren in die Rue d'Anjou, wo Cocteau im Hause seiner Mutter ein paar Zimmer bewohnte. Man führte uns in ein riesiges Zimmer, das voller wunderbarer, interessanter Dinge war. An der Wand hing ein Porträt von Cocteau, gemalt von Marie Laurencin. Außerdem war da eine meisterhafte Büste von Radiguet, die Jacques Lipschitz geschaffen hatte, noch zwei Cocteau-Porträts, das eine von Jacques Emile Blanche und das andere von Derain, Zeichnungen von Picasso, eine Vitrine mit einem gläsernen Schiff, und an der Wand über dem Kamin hing ein wunderbares Photo von Rimbaud, das ich noch nie gesehen hatte, auf dem er aussah wie ein Engel. Cocteau ging zu einem Schubladenschrank und holte aus jeder Schublade eine Zeichnung oder ein Gemälde, auf dem er selbst dargestellt war. Ich glaube, alle berühmten französischen Künstler waren da vertreten. Anschließend gab es Tee, und es wurde sehr viel geredet.«

Menü für Nina Hamnett und Jean Cocteau

Formosa Oolong Tee

Formosa Oolong Tee:

Oolong ist weder ein grüner noch ein schwarzer Tee, sondern liegt irgendwo dazwischen. Es gibt viele Experten, die den rauchigen Formosa Oolong für den besten Tee überhaupt halten. Von daher ist davon auszugehen, daß Cocteau seine Gäste damit bewirtete.

Bringen Sie eine große Menge sehr reines Wasser zum Kochen. Wärmen Sie die Teekanne vor, indem Sie sie mit kochendheißem Wasser ausspülen. Geben Sie den Formosa Oolong oder anderen Tee in die Kanne, wobei Sie pro Person 1 TL und noch einen zusätzlichen »für die Kanne« verwenden. Gießen Sie das heiße Wasser darüber, und zwar für jeden TL etwa eine Tasse. Lassen Sie den Tee 5 Minuten ziehen.

Zum Tee:

Geeignet wären kleine Teesandwiches ohne Kruste, so wie die, die Kay Boyle in ihrem Roman *My Next Bride* beschreibt. Die Handlung spielt im Paris der zwanziger Jahre, wo sich bei Rumplemeyer's, einem von den Amerikanern gerne frequentierten Restaurant, zwei Romanfiguren treffen und sich an Nußmayonnaise und Sandwiches mit Käse und Oliven laben.

1922

In den Vereinigten Staaten

... wird Isadora Duncan von der Bostoner Bühne gewiesen, weil sie ein durchsichtiges Kleid trägt und die Russen lobt, wobei bis heute ungeklärt ist, ob der Verweis auf das Kleid oder auf die Russen zurückzuführen ist ... Die amerikanische Bundespost verbrennt 500 Exemplare von James Joyces neuem Roman *Ulysses* ... Es erscheinen: Sinclair Lewis' *Babbit*, F. Scott Fitzgeralds *The Beautiful and Damned*, *Der ungeheure Raum* von e. e. cummings und *Civilization in the United States*, herausgegeben von Harold Stearns.

In Paris

... erscheint beim Verlag Shakespeare and Company *Ulysses* erstmals in Buchform ... Es treffen ein: Ford Madox Ford, Harry und Caresse Crosby, Janet Flanner und Solita Solano; Kay Boyle kommt nach Frankreich, wenn auch nicht nach Paris ... Robert McAlmon gründet Contact Editions.

Ernest Hemingway I: Hunger

✳

Stellen Sie sich vor, Sie sind Ernest Hemingway, ein großer, kräftiger, gutaussehender junger Mann mit einem offenen, entspannten Lächeln. Sie sehen mehr wie ein Footballspieler als wie ein Schriftsteller aus, dabei wollen Sie genau das werden. Sie waren zwar nicht auf dem College, aber für die Schülerzeitung auf der High school und für eine Literaturzeitschrift haben Sie schon einige Beiträge geschrieben, und immerhin haben sie dazu getaugt, Ihnen eine Stelle als Reporter beim *Kansas City Star* zu verschaffen. Dort hat es Ihnen zwar ganz gut gefallen, aber schließlich waren Sie erst achtzehn, und Ihnen war klar, daß die Welt größer ist als Kansas City. Also sind Sie nach Europa in den Krieg gezogen, haben dort als Sanitäter beim Roten Kreuz gearbeitet und sich ausgezeichnet als der erste Amerikaner, der in Italien verwundet wurde. Ihr Knie war ziemlich böse zerschossen, so daß Sie in Milano ein paar Monate im Krankenhaus verbringen mußten, wo Sie sich in eine bildschöne Krankenschwester namens Agnes verliebten. Anschließend kehrten Sie zurück nach Oak Park, Illinois, strotzten dort eine Zeit lang mit Ihrer Uniform herum und fingen schließlich wieder an, als Reporter zu arbeiten, dieses Mal für den *Toronto Star*.

Auf einer Reise nach Chicago haben Sie dann eine hinreißende Frau namens Hadley Richardson kennengelernt und sehr bald geheiratet. Der berühmte Schriftsteller Sherwood Anderson, den Sie über einen gemeinsamen Freund kennengelernt haben, lud Sie und Ihre Frau eines Abends zum Essen ein. Anderson, der soeben aus Paris zurückgekehrt war, wußte, wie gerne Sie Schriftsteller werden wollten. Er wußte auch, wie schwer es ist, die Zeit zu finden, richtig zu schreiben, solange man gleichzeitig Geld verdienen muß. Er sagte Ihnen, wenn Sie wirklich Schriftsteller werden wollen, sollten Sie nach Paris gehen, denn dort ist es billig, und all die großen Schriftsteller wie Gertrude Stein, Ezra Pound und James Joyce, die die englische Sprache neu besetzen wollen, leben in Paris.

Ihre Frau hält dies für eine hervorragende Idee. Aus einer Treuhandstiftung bezieht sie ein bescheidenes Jahreseinkommen, das, zusammen mit dem Geld, das Sie als Teilzeitkorrespondent des *Toronto Star* verdienen werden, ausreichen würde, um über die Runden zu kommen. Die meiste Zeit könnten Sie aufs Schreiben verwenden.

Ende Dezember 1921 steigen Sie in Paris aus dem Zug. Sie sind nun gerade mal ein Jahr älter als das Jahrhundert. Sie finden sehr schnell eine Wohnung, die zwar klein ist, kein fließendes Wasser hat und direkt über einem *bal musette* gelegen ist, so daß Sie die nächtliche Akkordeonmusik oft beim Schlafen stört - aber dafür ist sie billig. Zum Schreiben suchen Sie sich ein noch billigeres Zimmer, weil Sie, wenn Sie schreiben, alleine sein müssen. Natürlich schreiben Sie nicht zum ersten Mal, schließlich waren Sie ja Zeitungsreporter, und mit Belletristik und Poesie haben Sie auch schon ein bißchen herumexperimentiert. Aber jetzt sind Sie zum ersten Mal dabei, zu versuchen, richtig zu schreiben, auf eine Weise, die sauber, klar und ehrlich sein soll. Natürlich haben Sie Angst, weil Sie nicht wissen, ob es Ihnen gelingen wird. Aber wenn die Angst hochkommt, sagen Sie sich: »Alles, was du schaffen mußt, ist, einen einzigen ehrlichen Satz zu Papier zu bringen. Schreib den ehrlichsten Satz nieder, der dir einfällt.« Und schließlich schreiben Sie denn auch einen ehrlichen Satz. Aber die Arbeit geht langsam und zäh von der Hand, und Sie wissen nicht, ob Sie überhaupt etwas können.

Selbstverständlich verbringen Sie nicht Ihre ganze Zeit in diesem einsamen Zimmer. Sie flanieren gerne durch die Straßen, und den Pariser Slang, den man dort so hört, schnappen Sie schnell auf. Manchmal gehen Sie auch ins Café, aber nicht allzu oft, denn Sie fangen sehr bald an, jene Dilettanten zu verachten, die in den Cafés herumhocken, sich zwar selbst als Künstler bezeichnen, die aber, statt zu arbeiten, den Tag damit vertrödeln, sich von den Ausschweifungen der vergangenen Nacht zu erholen. Sie vereinbaren mit dem *Toronto Star*, daß Sie bis März dreißig Artikel geschrieben haben werden, so daß Sie in Sachen Journalismus viel auf Trab sind.

Sylvia Beach, Hemingway und zwei Bekannte im März 1928
vor »Shakespeare and Company« in der rue de l'Odéon 12

Sie und Ihre Frau fahren für zwei Wochen in die Schweiz. Sie fangen an, Tennis- und Boxpartner zu finden, sowie Gleichgesinnte, mit denen Sie Radrennen besuchen.

Es gibt da noch die Empfehlungsschreiben, die Anderson Ihnen mitgegeben hat. Sie würden Sie ja gerne verwenden, aber irgendwie sind Sie zu schüchtern, um sich dazu zu überwinden. Zumindest eines davon verwenden Sie tatsächlich nie, und zwar das an Sylvia Beach von Shakespeare and Company. Statt dessen stehen Sie eines Tages einfach bei ihr vor der Tür und lungern dann unbeholfen herum, bis sie schließlich neugierig wird und anfängt, Sie auszufragen.

Sie gefallen Beach; Jahre später wird sie von Ihnen sagen, Sie seien ein gebildeter junger Mann gewesen, der in der Geschichte und der Politik vieler Länder gut bewandert war, mehrere Sprachen beherrschte und das alles nicht auf der Universität, sondern im Selbststudium gelernt hatte. Sie findet Sie wesentlich reifer als die anderen jungen Schriftsteller an der Rive gauche. »Trotz seiner jungenhaften Art«, schreibt sie in ihren Memoiren, »wirkte er ungewöhnlich reflektiert und selbstsicher ... in allem, was er tat, ernsthaft und kompetent.« Und Sie werden eines Tages den zutreffendsten Satz schreiben, der je über Beach geschrieben wurde: »Ich habe nie jemanden kennengelernt, der netter zu mir war als sie.«

Beach schrieb allerdings keine Bücher, sondern sie verkaufte sie. Vor der Begegnung mit den Schriftstellern, für die die anderen beiden Empfehlungsschreiben gedacht sind, haben Sie am meisten Angst. Sie sind berühmt, während Sie selbst ein Niemand sind, der hinter seiner selbstbewußten Fassade sehr unsicher ist. Im Februar ringen Sie sich dazu durch, den weniger bedrohlichen der beiden Schriftsteller, Ezra Pound, in Angriff zu nehmen. Anfangs können Sie ihn nicht ausstehen, da er wie ein Bohemien auf einem der schlechteren Whistlerporträts gekleidet ist, aber nach kurzer Zeit freunden Sie sich doch mit ihm an. Pound schließt Sie sehr ins Herz und fängt an, Ihre Schreiberei zu fördern und dafür zu sorgen, daß sich Ihr Name herumspricht. Im Gegenzug bringen Sie ihm das Boxen bei.

Es wird März, bevor Sie den Mut aufbringen, Ihr drittes Empfehlungsschreiben zu verwenden. Es ist an Gertrude Stein, die berühmteste der in Paris lebenden Schriftsteller gerichtet. Wie alle, die sich ernsthaft für moderne Literatur oder Kunst interessieren, haben Sie schon vieles über Gertrude Stein gehört. Sie ist eine achtundvierzig Jahre alte Legende, die nicht nur die Geburtsstunde der Moderne miterlebt und mitbeeinflußt hat, sondern darüber hinaus mit den größten Künstlern des Jahrhunderts befreundet ist. Und Sie? Sie sind ein junger Typ, der Schriftsteller werden will, weiter nichts, und bis jetzt haben Sie noch nicht allzuviel Gescheites zu Papier gebracht.

Trotzdem ist Stein vom ersten Moment an Ihnen interessiert. Später beschreibt sie Sie als »außerordentlich ansehnlich«, und ihr gefällt die Art, wie Sie ihr gegenübersitzen und so aufmerksam blicken und zuhören. Ihre Freundin, Frau Toklas, ist weniger angetan und wird es auch nie sein, aber natürlich wahrt sie die Form. Sie und Ihre Frau lieben das große Atelier mit all den Gemälden; Sie fühlen sich dort wie in einem schönen Raum im besten Museum der Welt; außerdem gibt es einen offenen Kamin, es ist warm und gemütlich und Sie bekommen köstliche Dinge zu essen und Liköre aus Pflaumen und aus wilden Himbeeren. Ja, Frau Stein mögen Sie sehr, während Sie vor Frau Toklas Angst haben.

Die Freundschaft mit Stein wird sich in Phasen entwickeln. Eine Zeitlang wird es ein Lehrer-Schüler-Verhältnis sein, dann werden Sie über einige Jahre hinweg beiderseits davon profitieren: Während Sie sich literarisch gegenseitig anspornen, wird sich auf der menschlichen Ebene eine innige Kameradschaft entwickeln. Sobald Sie anfangen, für Ford Madox Fords *Transatlantic Review* zu arbeiten, werden Sie dafür sorgen, daß Steins Hauptwerk *The Making of Americans* in Fortsetzungen erscheint. Und von ihr werden Sie eine Menge über das Handwerk des Schreibens lernen, über die Ursprünge und über den Rhythmus von Worten und über die Wiederholung als stilistisches Mittel. Was Sie von Stein lernen, wird sich mit Pounds Kredo der größtmöglichen Schlichtheit und mit Ihrem eigenen journalistischen Hang zu klar strukturierter Prosa gut vereinbaren lassen. Sie werden anfangen, einen eigenen Stil zu entwickeln.

Bald wird Ihr erstes Buch, *Three Stories and Ten Poems* bei Robert McAlmons Contact Editions erscheinen, dicht gefolgt von *In unserer Zeit*, das von Bill Birds Verlag, Three Mountains Press, verlegt werden wird. Beide Publikationen werden zwar in sehr niedriger Auflage erscheinen, dafür aber ebensogut besprochen wie die Gedichte und Kurzgeschichten, die in Zeitschriften abgedruckt worden sind. Sie werden immer mehr im Gespräch sein, und man wird Sie bewundern und beneiden. Irgendwann wird es zwischen Ihnen und Gertrude Stein zum Bruch kommen, aber dann werden Sie sie schon längst nicht mehr brauchen; zu diesem Zeitpunkt ist Ihr erster Roman, *Fiesta*, bereits erschienen, und man wird Sie als bester Schriftsteller Ihrer Generation rühmen.

Aber das liegt jetzt noch alles in ferner Zukunft. Noch haben Sie Ihre ersten Pariser Jahre vor sich, und Sie gehen jeden Morgen zum Schreiben in Ihr winziges Zimmer. In diesen Jahren gibt es extrem kalte Winter; manchmal halten Sie es vor Kälte nicht mehr aus in Ihrem Zimmer und gehen zum Schreiben lieber in ein warmes Café am Place St. Michel. Inzwischen sind Sie überhaupt nicht mehr journalistisch tätig, sondern schreiben ausschließlich Belletristik. Sie sind ziemlich niedergeschlagen, weil niemand Ihre Geschichten kaufen will, und manchmal fragen Sie sich, ob es wohl daran liegt, daß sie einfach schlecht sind. Oft haben Sie Hunger, weil Sie so wenig Geld haben, daß Sie sich an manchen Tagen kein Mittagessen leisten können. An einem dieser Tage versuchen Sie, den Hunger zu vergessen, indem Sie durch die kalten Gassen gehen. Als Sie merken, daß das nicht funktioniert, beschließen Sie, sich ein wenig abzulenken, indem Sie Sylvia Beach besuchen gehen. Zufällig hat sie Post für Sie: eine deutsche Zeitung hat einen Artikel von Ihnen verwendet und ein Honorar von 600 Francs geschickt.

Mit dem Geld machen Sie sich schleunigst auf den Weg zu Lipp's, wo Sie sich einen Liter Bier und ein Würstchen mit Kartoffelsalat bestellen. Das schlichte Mahl macht Ihnen solche Freude, daß Sie sich noch daran erinnern werden, wenn Sie alt sind:

»Das Bier war sehr kalt, und es tat so gut, es zu trinken. Die Kartoffeln waren schön fest und das Olivenöl köstlich. Ich mahlte schwarzen Pfeffer über die Kartoffeln und tunkte das Brot ins Olivenöl. Nachdem ich einen kräftigen Zug an meinem Bier getan hatte, aß und trank ich ganz langsam. Als der Kartoffelsalat alle war, bestellte ich noch eine Portion und dazu eine Cervelatwurst. Dies ist eine Wurst, die aussieht wie eine dicke, in zwei Teile gespaltene Frankfurter, und dazu gibt es eine besondere Art von Senf.

Mit dem Brot stippte ich das ganze Öl und die ganze Soße auf, und trank langsam das Bier, bis sich seine Kühle zu verflüchtigen begann ...«

Nach dem Essen lehnen Sie sich zurück und denken über Ihre Arbeit nach. Vielleicht liegt es daran, daß Sie nicht mehr hungrig sind, jedenfalls sind Sie jetzt sicher, daß Ihre Geschichten gut sind, und daß Sie weitermachen sollten. Wenn ich stark bleibe, denken Sie, dann werden die Leute irgendwann mal anfangen, zu verstehen, was ich ihnen sagen will. Eines Tages werden ihnen meine Geschichten gefallen. »Es dauert nur seine Zeit« denken Sie, »und es braucht Zuversicht.«

Menü für Ernest Hemingway

Cervelatwurst mit Senfsoße
Kartoffelsalat mit Öl
Bier

Cervelatwurst mit Senfsoße:

Cervelatwürste sind kurze, dicke Schweinswürste, die meist mit Knoblauch gewürzt sind. Sollten Sie keine bekommen, können Sie sie durch andere hochwertige Schweinswürste - mit oder ohne Knoblauch - ersetzen.

Geben Sie 4 Cervelat- oder andere Schweinswürste in einen Topf mit kochendem Wasser. Reduzieren Sie die Temperatur und lassen Sie die Würste 5 Minuten ziehen. Schrecken Sie sie anschließend mit kaltem Wasser ab. Lassen Sie in einer Bratpfanne eine kleine Menge Butter bei niedriger Flamme zergehen und braten Sie die Würste darin, bis sie leicht angebräunt sind. Richten Sie sie mit Senfsoße an.

Senfsoße:

Geben Sie 2 TL Dijonsenf und 3 EL kochendheißes Wasser in eine kleine Rührschüssel. Geben Sie nach und nach ½ Tasse Olivenöl hinzu, während Sie mit einem Schneebesen ständig umrühren, bis die Soße kremig ist. Würzen Sie mit Salz, Pfeffer und ggf. Zitronensaft nach.

Kartoffelsalat mit Öl:

Waschen und schälen Sie 1 Kilo Kartoffeln und kochen sie ca. 30 Minuten in Salzwasser, bis sie so weich sind, daß man sie mit einem spitzen Messer mühelos anstechen kann. Gießen Sie das Wasser ab und lassen Sie die Kartoffeln auskühlen, bis Sie sie anfassen können, ohne sich die Finger zu verbrennen. Schneiden Sie sie dann in etwa ½ cm dünne Scheiben, die Sie in eine große Schüssel geben. Verrühren Sie 4 EL trockenen Weißwein und 3 EL Rinderbrühe - selbstgemacht oder aus der Dose - und gießen Sie die Mischung über die noch warmen Kartoffeln.

Verrühren Sie in einer getrennten Schüssel 2 EL Rotweinessig, 1 TL Dijonsenf, ½ TL Salz, 3 EL kleingeschnittene Schalotten und, unter ständigem Rühren, 6 EL Olivenöl. Geben Sie die Soße über die Kartoffeln und schütteln Sie vorsichtig die Schüssel, damit sich der Inhalt vermischen kann.

Einige Worte zum Thema französisches Bier:

Die alten Gallier tranken Gerstenbier, und noch heute wird ein Großteil französischer Biere aus Gerste gebraut. Französisches Bier ist im allgemeinen leicht, mit einem würzigen Nachgeschmack, obwohl in einigen Regionen dunkles, schweres Bier hergestellt wird. Kronenbourg, La Belle Strasbourgeoise, Brasseurs Biere de Paris, Brassins de Garde Saint Leonard, »33« Export und »33« Extratrocken gehören zu den besten französischen Bieren.

James Joyce:
Eine leichte Zwischenmahlzeit

Es ist heutzutage schwer nachzuvollziehen, daß das Erscheinen von Joyces Roman *Ulysses* im Jahre 1922 ein derartiges Aufsehen erregte. Die positiven wie die negativen Reaktionen tragen Merkmale, die an religiöse Hysterie erinnern:

Senator Reed Smoot aus Utah äußerte vor dem U. S.-Senat, daß ein zehnminütiges Überfliegen der Lektüre »ausgereicht hat, um festzustellen, daß der Verfasser ein Geisteskranker ist, mit einer dermaßen schwarzen Seele, daß sie sogar die Finsternis der Hölle zu trüben vermag«.

Janet Flanner weiß zu berichten, daß »das Erscheinen von *Ulysses* in Buchform im Jahre 1922 zweifellos das aufregendste, historisch unvergleichbare literarische Ereignis der frühen Pariser Exilliteratur waren: 1922 brach es in seiner Einzigartigkeit über uns junge Leute in Paris herein wie eine gedruckte Explosion, deren Worte und Sätze uns neue Zungen bescherten, wie ein weniger sakrales Pfingsten.«

Malcolm Cowley, der damals als angehender Schriftsteller in Paris lebte, schrieb später: »Der größte Held der neuen Ära war Joyce, und sein *Ulysses* wurde von den neuen Schriftstellern ähnlich verehrt wie die Bibel von den methodistischen Fundamentalisten.«

Joyce wurde 1882 als ältestes von zehn Kindern in Dublin geboren. Obwohl seine Eltern arm waren, gelang es ihm, das University College in Dublin zu absolvieren. Er studierte Norwegisch, um Ibsen im Original lesen zu können. Nach seinem Examen ging er nach Paris, um Medizin zu studieren, wandte sich aber bald dem Schreiben zu. Als er besuchsweise wieder einmal in Irland war, lernte er Nora Barnacle kennen, heiratete sie und zog mit ihr 1904 in die Schweiz, wo Joyce an der Berlitz Schule unterrichtete und innerhalb der folgenden zehn Jahre unter anderem *Dubliner* und *Ein Porträt des Künstlers als junger Mann* verfaßte. Beide Bücher wurden von der Kritik sehr gelobt.

Inzwischen hatte Joyce mit *Ulysses* begonnen, das er ursprünglich als Erzählung für den Band *Dubliner* geplant hatte und an dem er schließlich sieben Jahre schrieb. *Ulysses* ist eine üppige, ausladende, derbe Darstellung des Lebens der unteren Klassen in Dublin, das aus der wechselnden Perspektive dreier Figuren geschildert wird. Joyce fühlte sich, ähnlich wie ein anderes englisches Literaturgenie, nämlich Shakespeare, durch die Regeln des gängigen Sprachgebrauchs eingeengt, so daß er häufig seine eigenen aufstellte. Er setzte sich über traditionelle Vorschriften hinweg, indem er, zum Beispiel, eine Vielzahl von Erzählern erscheinen und wieder verschwinden läßt, die nicht weiter definiert werden. Joyce führt den Leser in die Gedankenwelt seiner Figuren ein, damit er ihrem Bewußtseinsstrom folgen kann. Er schreibt Tätigkeiten und Erfahrungen, die bislang für Literaten tabu gewesen waren, wie Sex, Urinieren und die Entwicklung des Fötus. Mit *Ulysses* hat Joyce neuen Boden betreten und somit den Horizont der englischsprachigen Literatur unseres Jahrhunderts erheblich erweitert.

Als *Ulysses* 1922 in Sylvia Beachs Verlag erschien, waren Joyces Augen bereits derart von Glaukomen befallen, daß es ihm schwerfiel, zu lesen und zu schreiben. Oft trug er eine Augenklappe und fast immer eine Sonnenbrille. Obwohl von sanftem und freundlichem Wesen, war er kein Heiliger. Er trank gerne mal einen und ging oft mit seinen Freunden auf Sauftouren, von denen man ihn so manches Mal bewußtlos nach Hause zu Nora schleppte, die zwar schimpfte, aber immer verzieh.

Joyce war mittelgroß, dünn und grazil, mit langen, schmalen Händen. An seiner linken Hand trug er Ringe mit schwergefaßten Steinen. Meistens hatte er seinen Gehstock bei sich, den er gerne zwirbelte, und am liebsten trug er Turnschuhe. Essen interessierte ihn nicht besonders, aber er legte großen Wert auf Geselligkeit und lud oft Leute in sein Lieblingsrestaurant, Trianons, ein und bestand darauf, daß sie bestellten, was ihnen gefiel. Er trank fast immer Weißwein, ohne groß auf die Marke zu achten. Oft gab er mit seiner ausgebildeten Tenorstimme, die sehr schön gewesen sein soll, irische

Liebeslieder und italienische Opern zum besten. Die meisten, die ihm begegneten, waren anfangs eingeschüchtert, nicht nur durch seinen Ruhm, sondern auch durch seine scheue Zurückhaltung, die die Konversation erschwerte und daher befangen machte.

Joyce war häufig geistesabwesend; eine einzige Bemerkung konnte genügen, um seinen Geist vom allgemeinen Gespräch abzulenken und auf eigene Pfade zu schicken. Der amerikanische Maler George Biddle beschreibt in seinen Memoiren, *An American Artist's Story,* sein erstes Treffen mit Joyce. Er erlebte ihn als »derart aggressiv schweigsam und unzugänglich, daß ich anfing, diesen Abend abzuschreiben«. Aber nach der zweiten Flasche Chablis taute Joyce ein wenig auf. Als ihn jemand fragte, was er von dem neuesten Roman Sherwood Andersons halte, erwiderte er sachlich, er habe seit zehn Jahren keine Belletristik mehr gelesen, woraufhin die Anwesenden entsetzte Blicke tauschten. Konnte das angehen, daß James Joyce, das Genie unter den zeitgenössischen Literaten, keine Literatur las? Laut Biddle erwiderte Joyce, als man ihn fragte, was er denn überhaupt lese:

»›Ach, Bauernkalender, Handbücher übers Angeln, Hotelreklamen, Kaufhaus- und Versandhauskataloge, Slangwörterbücher und natürlich die Werbung in euren amerikanischen Zeitschriften.‹

Für zeitgenössische Literatur interessierte er sich nicht, und eigentlich auch nicht fürs Leben. Wie ein eifriger Geologe, der mit seinem Hammer und seinem Sammelbehälter über die Erdkruste taumelt, um nach hübschen Kieselsteinen und Halbedelsteinen zu stöbern, suchte er, der Poet, das Sprachrohr, in Almanachen und Katalogen nach neuen, glitzernden, erdigen, bildhaften Brocken.«

Dennoch war Joyce keineswegs ein der Gesellschaft entfremdetes Wesen, was er hauptsächlich Nora zu verdanken hatte. Nora wird in den Memoiren aus jener Zeit häufig erwähnt, vor allem ihre robuste Gesundheit, ihr bodenständiger irischer Humor und die Toleranz, die sie James' Schwächen entgegenbringt. Die meisten beschreiben sie als außerordentlich hübsch, mit roten Locken und einem ausgeprägten irischen Dialekt. Sie war keine Intellektuelle, und sie machte keinen Hehl daraus, daß sie kaum etwas gelesen hatte, das aus der Feder ihres Mannes stammte. Sie sagte, sie könne in dem, was er schrieb, einfach keinen Sinn erkennen. Schließlich las sie denn doch Molly Blooms Selbstgespräch in *Ulysses*, nachdem sie so viel darüber gehört hatte, und sagte anschließend zu Robert McAlmon: »Mag ja sein, daß der Mann ein Genie ist, aber er hat eine ganz schön schmuddelige Phantasie, stimmt's?«

Hier ein Textauszug aus *Ulysses*, der Joyces eigenwilligen Stil erkennen läßt:

»Wie bereitete Bloom eine leichte Zwischenmahlzeit für feine Leute zu?

Er gab in zwei Tassen je zwei flache Löffel, also insgesamt vier, von Epps löslichem Kakao, ließ ihnen genügend Zeit zu ziehen und fuhr dann fort, entsprechend der Gebrauchsanweisung auf der Packung, die vorgeschriebenen Zutaten auf die angegebene Weise in der angegebenen Menge hinzuzufügen.

Welche über das Pflichtmaß hinausgehenden Gesten besonderer Gastfreundschaft brachte der Gastgeber seinem Besuch entgegen?

Er verzichtete auf seine symposionistischen Rechte bezüglich der Schurrbarttasse aus imitiertem Crown Derby Porzellan, die ihm seine einzige Tochter Millicent (Milly) geschenkt hatte, nahm sich dafür eine Tasse von derselben Art, wie sein Gast sie hatte und kredenzte seinen Gast sowie, in geringerer Menge, sich selbst, die dicke Sahne, die normalerweise für seine Frau Marion (Molly) zum Frühstück bestimmt war. Nahm sein Gast diese gastfreundschaftlichen Gesten wahr? Zeigte er sich dafür erkenntlich?

Er wurde von seinem Gastgeber scherzendernsthaft darauf aufmerksam gemacht und er nahm sie ernsthaft zur Kenntnis, während sie in scherzendernsthaft stiller Eintracht Epps Massenprodukt, den leiblichen Kakao, zu sich nahmen.«

James Joyce mit Ezra Pound, Ford Madox Ford und John Quinn (v.l.n.r.) im Studio von Pound 1924 in Paris

Kakao:

Geben Sie 1 Tasse kochendheißes Wasser, ¼ Tasse löslichen Kakao Ihrer Wahl, eine Prise Salz und etwa 3 EL Zucker in einen Kochtopf. Rühren Sie gut um und geben Sie anschließend 3 Tassen abgekochte Milch hinzu. Bringen Sie unter ständigem Rühren das Ganze bei sehr niedriger Flamme zum Kochen, was ca. 3 Minuten dauert. Je nach Geschmack können Sie 1 TL Vanille hinzufügen. Nehmen Sie dann den Topf von der Kochstelle, schlagen den Kakao mit einem Schneebesen schaumig und servieren ihn in Schnurrbarttassen oder Bechern.

1923

In den Vereinigten Staaten

... findet die Premiere von Elmer Rices *Die Rechenmaschine* am Broadway statt ... Djuna Barnes' *Leidenschaft* erscheint ...

In Paris

... geht Dada in Surrealismus über ... Man Rays surrealistischer Film, *Die Rückkehr zur Vernunft,* läuft an ... The Jockey, ein Nachtclub im Cowboystil, wird auf dem Montparnasse eröffnet und ist sofort ein Riesenerfolg ... Strawinskys Ballett *Les Noces* wird vom russischen Ballett uraufgeführt ... Gerald Murphys *Razor* erregt Aufsehen im Salon des Indépendents ... Es treffen ein: George Antheil, Margaret Anderson, Jane Heap ... Antheil komponiert die Violinsonate *Nr. 1* ... Ernest Hemingways erstes Buch, *Three Stories and Ten Poems,* erscheint bei Contact Editions und Ezra Pounds *Über Zeitgenossen* bei der Three Mountains Press ... Das Rotonde untersagt seinen weiblichen Gästen, auf der Terrasse zu rauchen und ohne Hut zu erscheinen. Die englischsprachigen Bewohnerinnen des Viertels boykottieren die Gaststätte und gehen statt dessen ins Dôme gegenüber; Malcolm Cowley wird verhaftet, weil er dem Besitzer des Rotonde einen Fausthieb versetzt hat ...

Kiki und Man Ray: Kiki kocht

*

Es war ein klarer Fall von Liebe auf den ersten Blick. Er, der Amerikaner, war gerade nach Paris gekommen, ohne einen Pfennig in der Tasche. Sie, die Burgunderin, war Aktmodell und Kabarettsängerin, die derbe Lieder zum besten gab. Er sprach kaum französisch und sie kein Wort englisch, aber als er sie in dem überfüllten Café erblickte, sorgte er auf der Stelle dafür, daß sie einander vorgestellt wurden. Am selben Abend gingen sie zusammen ins Kino und hielten Händchen, und anschließend bat er sie, für ihn Modell zu stehen. Sie zog sich aus, und er machte ein paar Photos, aber bald wurde er von Verlangen überwältigt. »Meine Gedanken schweiften ab«, schrieb er später, »also sagte ich ihr, sie solle sich wieder anziehen, und wir gingen in ein Café.«

Am nächsten Tag zeigte er ihr die Kontaktabzüge, die ihr so gut gefielen, daß sie hinter den Wandschirm ging und sich nackt auszog. Sie kam wieder hervor und setzte sich neben ihn; Man Ray deutet diskret an, daß er an diesem Tag keine Photos gemacht habe. Charakteristischerweise ist Alice Prin, die man Kiki nannte, wesentlich direkter. »Jetzt ist er mein Liebhaber«, schreibt sie. Sie zog zu ihm ins Atelier, wo sie sechs Jahre wohnen blieb.

Man Ray war ein ziemlich konventioneller autodidaktischer Maler, der in Greenwich Village lebte, als er 1913 Paris besuchte, um sich die Armory Show anzusehen und somit erstmals mit moderner Kunst konfrontiert wurde. Da ihn das, was er gesehen hatte, begeisterte, fing er selbst an zu experimentieren. Zwei Jahre später lernte er Marcel Duchamp kennen, als dieser in New York weilte, und die beiden wurden Freunde.

Duchamp* führte Ray in die Theorie des Dadaismus ein, was ihn dazu inspirierte, maschinenartige Objekte herzustellen, die als eine Auflehnung gegen die Industrialisierung des Alltagslebens verstanden werden wollten. Bald avancierte er zum Mittelpunkt der amerikanischen Dadaistenszene.

Eine Einladung Duchamps führte Ray am 22. 7. 1921 nach Paris. Die Begründer der Dadabewegung, André Breton, Louis Aragon, Jacques Rigaut, Tristan Tzara und Philippe Soupault, kannten ihn bereits und luden ihn am Abend seiner Ankunft zum Essen ein. Schon bald war er ein etabliertes Mitglied der Gruppe.

Ray, der zwischen den beiden Weltkriegen der bekannteste amerikanische Künstler in Paris war, entfaltete in seiner neuen Heimat seine Kreativität und begab sich immer mutiger auf neues Terrain. Er war der erste Maler, der die surrealistischen Komponenten der menschlichen Wahrnehmung in seine Werke integrierte. Seine Rayographien, Photos, die ohne Kamera gemacht worden waren, verwandelten alltägliche Gegenstände in Dinge, die den Betrachter in Erstaunen versetzten, was ja der Grundidee des Dadaismus entsprach.**

Als Filmemacher brachte er Ideen und technische Neuerungen ein, die viele Menschen schockierten. Als sein Film *Rückkehr zur Vernunft* anlief, gab es überall Randale. Mit Photos wie *Le Violon d'Ingres*, auf dem er die Schallöcher einer Violine auf Kikis Rücken erscheinen läßt - auf diese Weise den menschlichen Körper mit einem Musikinstrument assoziierend -, erweiterte er das Spektrum der Photographie. Als inoffizieller Hofphotograph der Rive gauche gelang es ihm, Künstler und Schriftsteller auf eine Art zu porträtieren, die die sterbliche Hülle durchdrang und das geheime Wesen offenbarte. Zu seinen großartigsten Werken gehören Tausende von

* Duchamps *Akt, eine Treppe hinabsteigend* war das umstrittenste Werk der Armory Show.

** Mitte der zwanziger Jahre wurde eine Rayographie für 126 000 Dollar versteigert. Es war der höchste Preis, der bis dato für eine einzelne Photographie erzielt worden war. Der Rekord wurde später von dem russischen Photographen Alexander Rodchenko mit 181 000 Dollar gebrochen, aber 1993 holte sich Rays Arbeit *Tränen* den Titel zurück, als es bei Sotheby's für 190 000 Dollar versteigert wurde.

Photographien von Kiki, auf denen jede ihrer Stimmungen, Gesten und Posen festgehalten ist.

Kiki erblickte als Tochter einer verarmten Mutter und eines unbekannten Vaters in Burgund das Licht der Welt. Mit dreizehn riß sie nach Paris aus, wo sie eine Zeitlang in die Halbwelt der Prostituierten, Stricher und Drogenabhängigen geriet. Schließlich fand sie einen Job als Aktmodell. Ihr warmherziges Wesen und ihr schalkhafter Humor machten sie unter den Malern und Modellen sehr beliebt, so daß sie ins Leben auf dem Montparnasse integriert wurde. Als sie 1921 Ray kennenlernte, betrachtete man sie bereits als Königin des Viertels, und im Dôme war stets ein Tisch für sie reserviert.

Aber es sollten noch bessere Zeiten kommen. Kiki malte naive und farbenfrohe Bilder, die niemand so richtig ernst nahm, bis sie 1927 ausgestellt und bei der Gelegenheit gleich ausverkauft wurden. Ihre Memoiren aus dem Jahre 1929, *The Education of a French Model*, wurden in den USA als obszönes Werk verboten, aber in Frankreich verkauften sie sich gut, und heutzutage sind sie ein begehrtes Sammlerobjekt. Die von Ernest Hemingway verfaßte Einleitung ist recht doppelbödig: »... Sie haben hier ein Buch vor sich, das von einer Frau geschrieben wurde, die niemals eine Dame gewesen ist. Ungefähr zehn Jahre lang war sie so nahe dran, wie es in unserer heutigen Zeit möglich ist, eine Königin zu sein, aber das ist natürlich etwas ganz anderes als eine Dame.«

Kiki gab niemals vor, eine Dame zu sein, wie ihre Memoiren deutlich erkennen lassen. Es steht alles drin: einige der weniger appetitlichen Dinge, die sie tun mußte, um Geld zu verdienen, als sie gerade ein Teenager war, die ausbeuterischen Affären, ihre Verhaftung als Prostituierte, unverblümte Schilderungen der physischen Ausstattung ihrer Liebhaber, sowie eine Menge Aktphotos.

Vor allem ist Kiki durch ihre künstlerische Zusammenarbeit mit Man Ray berühmt geworden. Stets war er der Schöpfer und sie das unendlich wandelbare Medium. Neben Tausenden von Photographien gibt es einen Film aus dem Jahre 1928, *Seestern*, mit Kiki in der Hauptrolle. Aber am bemerkenswertesten war die Art, wie Ray Kikis Gesicht als Leinwand benutzte, auf der er vergängliche Kunstwerke schaffen konnte. Dazu schreibt Kay Boyle:

»Man Ray pflegte Kikis Gesicht zu entwerfen und es mit eigener

Ein Festessen in Paris.
Links: Kiki, Paul Chambon mit Familie,
vorn rechts: Mariette Lydis

Hand aufzumalen. Zunächst rasierte er ihr die Augenbrauen ab ... und stattete sie dann mit neuen aus, jeweils in der Farbe, die er für die Maske gewählt hatte, die sie heute tragen sollte; manchmal waren sie fadendünn, manchmal fingerdick, und der Schwung variierte beliebig. Ihre schweren Lider waren heute kupferfarben, morgen königsblau, übermorgen silbern oder jadefarben ... heute Abend waren sie opal. Sie hatte kräftige Züge, eine üppige Figur, eine rauhe Stimme wie eine Marktfrau und Haare, so weich und glänzend wie die Flügel einer Krähe.«

Andere beschreiben ihren schneeweißen Teint, ihre Muttermale, die an immer wieder anderen Stellen ihres Körpers in variierenden Farben zu sehen waren, ihre Brenneisenlocken, grünen Katzenaugen und Rubensfigur.

Trotz ihres Rufs als Exzentriker führten Kiki und Ray ein erstaunlich häusliches Leben. Während Ray im Atelier seine Modelle ablichtete, ließ sich Kiki nicht blicken, sondern blieb in der oberen Etage und wartete ungeduldig darauf, daß er kam. Von seinen Gästen war sie sehr beeindruckt, sie bezeichnete sie als »die Aristokratie und die Berühmtheiten der Zeit«. Sie konnte extrem eifersüchtig werden, was einmal dazu führte, daß sie in Rays Adreßbuch sämtliche Frauennamen durchstrich. Gelegentlich wurde sie auch gewalttätig, wenn sie jemanden verdächtigte, mit Ray zu flirten.

Ray gefiel die seltsame Häuslichkeit, wie aus folgendem Absatz seiner Memoiren ersichtlich wird:

»Kiki fand im Hinterhof der Cafés, wo auch die Ateliers einiger Maler, mit denen wir befreundet sind, liegen, eine entzückende kleine Wohnung ... mit Heizung und Bad, was in Paris eine Seltenheit ist. Kiki verbrachte viel Zeit in der Badewanne, nur um den Luxus zu genießen. Wenn ich tagsüber reinschaute, traf ich sie fast immer im Morgenmantel oder nackt an. Wenn ich ihr Bescheid sagte, daß ich zum Mittag- oder Abendessen ein paar Freunde eingeladen hatte, ging sie einkaufen und hatte in kürzester Zeit etwas gekocht und den Tisch gedeckt. Das Essen war immer delikat; es gab leckere burgundische Gerichte, viel Wein, Salate und sorgfältig ausgewählte Käsesorten. Und wenn wir nach dem Essen bei einem Glas Brandy saßen, sang sie uns mit ihrer klaren, perfekt modulierten Stimme deftige Gassenhauer vor, die sie mit ausdrucksvollen Gesten und lebhafter Mimik untermalte.«

Menü für Kiki und Man Ray

Geschmortes Rindfleisch nach burgundischer Art
Salzkartoffeln
Salade Mesclun mit Knoblauchvinaigrette
Auswahl französischer Käsesorten
Wein

Geschmortes Rindfleisch nach burgundischer Art:

Das Essen aus Burgund ist wie Kiki, die von dort stammte: verlockend, herzhaft und großzügig. Dieser Rindergulasch, den man mit Burgunder zubereitet, ist das bekannteste Gericht dieser Region.

Lösen Sie die Knochen aus ca. 1 Kilo Gulaschfleisch und schneiden Sie es in etwa 3 cm große Würfel. Geben Sie es zusammen mit ½ Pfund gesalzenem Schweinefleisch in einen Kochtopf und sautieren es bei mittlerer Hitze einige Minuten. Fügen Sie dann ½ Pfund kleiner, geschälter Kochzwiebeln und 1 zerstampfte Knoblauchzehe hinzu. Rühren Sie ständig, bis die Zwiebeln leicht angebräunt sind. Machen Sie eine Soße aus 1 EL Tomatenmark, 3 EL Mehl, 2 Tassen Burgunder, 1 ½ Tassen Rinderbrühe, sowie 1 Lorbeerblatt, ½ TL Thymian und einer weiteren zerstampften Knoblauchzehe. Verschließen Sie den Topf und lassen Sie den Gulasch bei niedriger Flamme 2 ½ Stunden kochen. Rühren Sie gelegentlich um und würzen Sie mit Salz und Pfeffer nach.

Salzkartoffeln:

Salzkartoffeln sind die traditionelle Beilage zu geschmortem Rindfleisch nach burgundischer Art. Das Rezept finden Sie im Kapitel über Gertrude Stein und Alice B. Toklas auf Seite 37.

Salade Mesclun:

Mesclun, eine würzige Zusammenstellung junger Salate, ist eine der kulinarischen Köstlichkeiten Frankreichs.

Wählen Sie eine Vielfalt junger Salate, unter anderem Chicorée und Ruccula. Andere Alternativen sind Buttersalat, Romana, Löwenzahn, Maisblätter und Kerbel. Geben Sie die Soße hinzu und schütteln Sie die Schüssel ganz leicht, so daß die Blätter eben gerade benetzt sind.

Knoblauchvinaigrette:

Zerstampfen Sie mit einem Mörser 3 große Knoblauchzehen und verrühren Sie sie nach und nach mit ¼ Tasse Olivenöl, so daß eine kremige Paste entsteht. Geben Sie 3 EL Rotweinessig sowie Salz und Pfeffer hinzu.

Einige Worte zum Thema französischer Käse:

In Frankreich ist es üblich, nach dem Hauptgericht und vor dem Dessert (oder anstatt dessen) eine Käseplatte anzubieten. Meistens bekommen Sie ein dekoratives Tablett mit sechs oder mehr Käsesorten vorgesetzt.

Um Ihre eigene Auswahl zusammenzustellen, gehen Sie nach folgenden Kriterien vor: es sollte weicher und härterer Käse dabei sein, Ziegen-, Schaf- und Kuhkäse, würziger, milder und bitterer. Zu empfehlen sind: Beaufort, Pont-l'Evèque, Brie, Saint-Marcellin, Camembert, Boursin, Roquefort, Chèvre oder Münster.

Legen Sie den Käse bereits ca. eine Stunde vor dem Auftragen auf eine Servierplatte, da er Zimmertemperatur haben sollte. Jeder Gast bekommt einen kleinen Teller und ein Messer. Achten Sie darauf, daß der Brotkorb immer gefüllt ist.

Weinvorschlag:

Burgunder - was sonst? Bieten Sie den Wein an, den Sie auch zum Kochen verwendet haben. Wenn Sie etwas Ausgefallenes suchen, probieren Sie einmal weißen Burgunder. Einer der besten weißen Burgunder, der Montrachet, gilt bei vielen Kennern als einer der hervorragendsten trockenen Weißweine.

Tout le monde: Zwiebelsuppe, Les Halles und der Sonnenaufgang

✳

Nun stellen Sie sich einmal vor, Sie könnten in eine Zeitmaschine klettern, und sie würde Sie ins Paris der zwanziger Jahre bringen. Es ist noch früh am Abend, und Sie sind unbemerkt in einer stillen Ecke des Friedhofs von Montparnasse gelandet. Durch Zauberei hat sich auf Ihrer kurzen Reise zurück zum Anfang dieses Jahrhunderts Ihre Kleidung geändert, so daß Sie nun den Freizeitlook tragen, der damals in Pariser Künstlerkreisen modern war. Als Mann tragen Sie eine Kordhose, verdreckte weiße Turnschuhe und ein legeres, etwas vergammeltes Jackett. Als Frau haben Sie ein kurzes, geradegeschnittenes Kleid an, mit tief angesetzter Taille; um den Hals tragen Sie eine lange Perlenkette und an den Füßen Spangenschuhe mit flachen Absätzen. Sie werfen einen Blick auf Ihre Armbanduhr mit den klitzekleinen Zahlen - eines der ersten Modelle übrigens - und sehen, daß es eben sechs Uhr ist. Innerhalb der nächsten zwölf Stunden müssen Sie zur Maschine zurückgekehrt sein, sonst verschwinden Sie für immer vom Erdboden, und es bleibt von Ihnen nur noch ein kleines Rauchwölkchen übrig.

Was werden Sie also mit der Zeit anfangen, die Ihnen zur Verfügung steht? Wie gewinnen Sie am besten einen repräsentativen Eindruck vom Paris der zwanziger Jahre? Schauen wir doch mal:

Vielleicht wollen Sie erstmal auf ein, zwei Pernod ins Select gehen. Dort könnten Sie vielleicht das Glück haben, Hemingway, Djuna Barnes, Kay Boyle oder Bob McAlmon zu sehen, oder sich mit Madame Select höchstpersönlich zu streiten. (Kein Grund zur Aufregung - sie streitet sich mit allen.) Dann ziehen Sie weiter in die neueste trendige Bar, wo Jimmy arbeitet. (Ist es diesen Monat das Jockey oder das Dingo?) Josephine Baker ist kürzlich mit *La Revue Nègre* aus Harlem eingetroffen und bewegt ganz Paris mit ihren Rhythmen - das sollten Sie auf keinen Fall versäumen. Anschließend sollten Sie in Cocteaus neues Lokal, Le Bœuf sur le Toit einkehren. Dort können Sie ein hervorragendes Mahl zu sich nehmen und dabei der jungen französischen Avantgarde beim Tanzen zuschauen. Dann wäre da noch Bricktop's, wo bis in die frühen Morgenstunden großartiger amerikanischer Jazz gespielt wird, man bis drei Uhr morgens zu seinen Getränken ein kostenloses Essen bekommt und eventuell sogar einen Blick auf Cole Porter oder auf den Prinzen von Wales erheischen kann.

Aber trotzdem sollten Sie Bricktop's Essen Essen sein lassen, denn bevor Sie wieder zur Zeitmaschine zurückkehren, müssen Sie noch unbedingt das essentielle zwanziger Jahre Szeneerlebnis mitnehmen, indem Sie in Les Halles bei Sonnenaufgang Zwiebelsuppe essen.

Les Halles, jenen riesigen Großhandelsmarkt im Herzen von Paris, mit seinen zahllosen Fisch- und Fleischständen, gibt es schon längst nicht mehr, aber in den Memoiren aus jener Zeit spielt er eine tragende Rolle. Hier versammelten sich bei Tagesanbruch die kleinen Lebensmittelhändler, die Küchenchefs vornehmer Hotels und die preisbewußten Hausfrauen auf der Suche nach guter Ware für wenig Geld. Um den Markt verstreut gab es billige Lokale, die Gangster, Nutten und Stricher, Marktfrauen, Prominente auf Abwegen sowie zahllose amerikanische Auswanderer in trauter Eintracht zu besuchen pflegten. Da gab es das Pied de Mouton, das Pharamond und das Au Père Tranquil; in allen dreien gab es eine herzhafte Zwiebelsuppe.

Paris on Parade, 1925 erschienener amerikanischer Reiseführer, enthält folgenden Kommentar:

»Die Umgebung von Les Halles beherbergt viele gute Restaurants, deren Spezialität Zwiebelsuppe ist, die die Eigenschaft hat, den Appetit eines noch so verdorbenen Magens zu neuem Leben zu erwecken. Deshalb haben es sich Nachtschwärmer zur Gewohnheit gemacht, den Tagesanbruch nach einer auf dem Montmartre durchzechten Nacht bei einer Zwiebelsuppe in Les Halles zu begehen.

Zu dieser Stunde herrscht Hochbetrieb auf dem Markt. Die breiten Straßen zwischen den Markthallen wimmeln von Trägern, commissionaires - was eine vornehme Bezeichnung für Botenjungen ist –, Marktleuten, Großhändlern und Wiederverkäufern. Lastwagenfahrer fluchen, lassen ihre Peitschen knallen und rufen ›Achtung!‹, um sich Durchgang zu verschaffen. Sie frisieren den Auspuff des Lasters, damit er soviel Lärm und Gestank verursacht, daß sich alle entsetzt zurückziehen, um ihn durchzulassen. Die commisionaires schieben Karren und Handwagen durchs Gedränge, die Träger wanken daher mit schwerbepackten Kisten auf dem Rücken, und durch die hemdsärmelige Arbeitermenge promenieren Arm in Arm zahlreiche gutgekleidete Personen mit bloßen Schultern oder blütenweißen Hemden. Sie gebaren sich ein wenig lebhafter, als man es von stocknüchternen Menschen erwartet, während sie sich auf den Weg machen, sich mit einer Zwiebelsuppe zu sättigen, bevor sie ins Bett plumpsen.«

In seinem 1926 erschienenen Buch, *The Paris That's Not in the Guide Books,* beschreibt Basil Woon eine lange Nacht, die er mit Freunden verbracht hat. Man speiste im noblen Pré Catalan, köpfte im Acacias ein, zwei Flaschen Champagner, zog auf ein paar weitere Drinks ins Perroquet (dessen Innenausstattung vom berühmten Modemacher Paul Poiret stammte), nahm im Abbaye an der Place Pigalle noch mehr Drinks zu sich, wagte sich an den Strichern und Nutten auf der rue Pigalle vorbei, um das Zelli mit seinen dreißig Tänzerinnen zu besuchen, und zuletzt:

»›... schnappten wir uns zusammen ein Taxi, um zum Markt zu fahren und dort eine Zwiebelsuppe zu essen.‹

Zwiebelsuppe ist das traditionelle Frühstück der Standhaften, und der Markt ist der traditionelle Ort, um sie zu essen. Denn Zwiebelsuppe ist etwas Reelles.

Der Markt heißt nicht nur so, er ist auch einer. Er ist das Handelszentrum von Paris. Auf dem Weg ins Père Tranquil oder in eines der anderen Lokale muß man über Berge von Kohlköpfen, Karotten oder anderem Gemüse steigen, während massige Träger gehässig auf die Dekolletés und den Schmuck der Frauen stieren und einen hinter vorgehaltener Hand als ›reiches Bürgertum‹ beschimpfen.

Sie meinen es aber nicht böse. Sie möchten alle auch eines Tages zum miesen Bürgertum gehören.‹«

In den Memoiren unserer amerikanischen Auswanderer werden Les Halles immer wieder erwähnt. Nach einer durchgemachten Nacht ging der Bildhauer Brancusi häufig mit Margaret Anderson

›der mit jemand anderem auf eine Zwiebelsuppe dorthin. In der ›Jacht, als Crutcher, Klavierspieler des Bricktop, von seiner französi-chen Freundin erschossen wurde, war Robert McAlmon mit Man ‹ay, Kiki und Nina Hamnett am Ort des Geschehens. Anschlie-end, so berichtet er, zogen sie mit ein paar anderen weiter und lan-eten schließlich in Les Halles, wo sie im frühmorgendlichen Trei-en zwei Prostituierte aufgabelten und zum Zwiebelsuppeessen mit-chleppten.

Harry Crosby spricht in seinen Tagebüchern oft von Les Halles, vie in diesem Eintrag aus dem Jahre 1925:

»... Champagner mit Orangensaft im Ritz, danach Tanz im Bois nd Tanz auf dem Montmartre und schließlich bei Sonnenaufgang ı Les Halles, wo wir die einzigen beiden Tänzer waren. Um sieben Jhr ging die letzte Flasche Champagner zu Ende, also machten wir ıit einem robusten Bauern den verrückten Handel, daß er uns mit einem Gemüsewagen zum Ritz fahren sollte, und so ruhten wir, ;eraldine in ihrem Silbrigen und ich in meinem Schwarzen, auf ;arotten- und Kohlkopfhaufen, während unser armer Mann die ;ügel führte. Es war eine denkwürdige Fahrt; das gleißende Son-enlicht überströmte die Straßen, sie war übermütig und vergnügt, vährend ich so blaß war wie ihr Kleid, mit Säuferblick und zerzau-:en Haaren.«

Schließlich wurden Les Halles zum Inbegriff dessen, was es edeutete, jung zu sein und im Paris der zwanziger Jahre zu leben. ˆlan tanzte bis zum Morgengrauen, aß im Pied de Mouton oder im haramond eine Zwiebelsuppe und ging anschließend zu Bett, und ıeistens machte man nachts darauf genau dasselbe. Als die zwanzi-er Jahre zu Ende gingen, war dies auch das Ende der Glanzzeit der ˆlarkthallen als gesellschaftliches Mekka.

In den dreißiger Jahren traf der englische Journalist Sisley Hudd-ston zufällig einen alten Freund aus Montparnassezeiten. Als ihn er Freund zum Abendessen einlud, neckte ihn Huddleston mit en Worten: »Früher haben wir oft um Mitternacht zu Abend ge-essen - soll ich um Mitternacht vorbeikommen?« - »Mitternacht!« rwiderte der Freund verächtlich und holte zu einer verträumten ıgendreminiszenz aus:

»Mensch, oft hatten wir noch gar nichts gegessen, als die Cafés m zwei Uhr dichtmachten. Dann mußten wir zu Fuß zu den

Markthallen gehen und dort unter freiem Himmel eine Zwiebelsuppe essen, bevor wir nach Hause gingen. Ja, und heutzutage essen wir regelmäßig um acht Uhr abends und gehen meistens zwischen zehn und elf zu Bett.«

Zwiebelsuppe à la Les Halles

Zwiebelsuppe à la Les Halles:

Eines der gerne besuchten Lokale nahe Les Halles war in den zwanziger Jahren l'Escargot, wo es manchmal eine Suppe aus roten Zwiebeln gab, anstelle der üblichen weißen.

Erhitzen Sie in einem großen, schweren Kochtopf bei niedriger Flamme 3 EL Olivenöl und 1 EL Butter und geben Sie dann 6 Tassen in Scheiben geschnittene Zwiebeln hinzu. Lassen Sie die Zwiebeln im geschlossenen Topf ca. 20 Minuten garen, bis sie weich sind, stellen nun den Herd auf mittlere Flamme und würzen mit 1 TL Salz, 1 EL Zucker und einer Prise gemahlenem Salz nach und lassen sie unter ständigem Rühren leicht anbräunen. Bestreuen Sie sie mit 3 EL Mehl und rühren weitere 2 bis 3 Minuten um. Nehmen Sie den Topf von der Kochstelle, mischen 8 Tassen Rinderbrühe und 1 Tasse trockenen Weißwein unter, stellen ihn wieder auf niedrige Flamme und lassen die Suppe 30 bis 40 Minuten köcheln. Geben Sie kurz vorm Anrichten 3 EL Kognak hinzu.

Während die Suppe kocht, bestreichen Sie 4 Scheiben französisches Brot mit Olivenöl und reiben sie mit einer halbierten Knoblauchzehe ein. Legen Sie das Brot auf Backpapier in den auf 160 Grad vorgeheizten Ofen, bis es knusprig und leicht angebräunt ist.

Gießen Sie die kochendheiße Suppe in hitzebeständige Terrinen, legen je eine Scheibe französisches Brot obendrauf, reiben 2 EL Greyerzer Käse drüber, besprenkeln das Ganze mit etwas Olivenöl und geben die Schüsseln in den Ofen, bis sie mit Käse überbacken sind.

Natalie Clifford Barney: In Natalie Barneys Salon

✷

Selbst an unseren heutigen Maßstäben gemessen war Natalie Barney eine äußerst unkonventionelle Persönlichkeit. Über einen Zeitraum von fast hundert Jahren räumte sie mit Althergebrachtem auf und ignorierte gesellschaftliche Tabus. Ihr ungehemmter und emanzipierter Lebensstil machte sie zur leicht wiedererkennbaren Protagonistin von mindestens sechs Romanen, zum Gegenstand zweier Biographien und zu einer der bedeutendsten Chronistinnen der Belle Epoque. Es würde kaum ausreichen, von ihr zu sagen, sie habe ein erfülltes Leben gelebt; sie schrieb selbst einmal: »Ich habe mehr vom Leben gehabt, vielleicht sogar mehr, als es überhaupt enthält!«

Barney wurde 1876 als Tochter reicher Eltern in Ohio geboren. Ihre Vorfahren waren Eisenbahnmagnaten, berühmte Seefahrer, Richter und Bankdirektoren. Ihr Vater war ausgesprochen traditionsbewußt, aber ihre Mutter, eine begabte Malerin, die in Paris mit Whistler zusammen studiert hatte, war fast als Bohemienne zu bezeichnen. Als Natalie zehn Jahre alt war, zog die Familie nach Washington, D. C.; die Sommerferien verlebte sie häufig in Bar Harbor oder unternahm Reisen quer durch Europa. Natalie hatte als Teenager schon viele Parisaufenthalte hinter sich und hatte gelernt, die Stadt zu lieben.

Zu jener Zeit war sie eine bildschöne junge Frau mit langem, wallendem blondem Haar, einer grazilen Gestalt und heiteren blauen Augen. Sie war sehr modebegeistert und trug am liebsten weiße Kleider von Poiret. Natalie sprach fließend Französisch mit tadellosem Akzent, sowie Deutsch und Italienisch. Darüber hinaus spielte sie ausgezeichnet Violine, war eine wunderbare Reiterin, was ihr den Spitznamen »Amazone« eintrug, der ihr ein Leben lang anhaftete - und eine angehende Schriftstellerin, deren Schlagfertigkeit allgemein bekannt war. Natürlich wurde sie von zahlreichen begehrten Junggesellen umschwärmt.

Aber Natalie suchte sich ihre Partner lieber selbst aus, und an Männern hatte sie ein ausschließlich geistiges Interesse, denn ihre Gunst galt den Frauen. Natalie machte keinen Hehl daraus, daß sie sich seit Kindesbeinen zu Frauen hingezogen fühlte und hatte während ihrer ganzen Teenagerzeit wechselnde Affären, aber eine feste Beziehung begann sie erst in den späten neunziger Jahren. Als sie eines Tages im Bois de Boulogne ausritt, erblickte sie Liane de Pougy, eine der berühmtesten Kurtisanen jener Zeit. Natalie war gefesselt von der Schönheit und Eleganz der älteren Frau und nahm sich vor, sie zu verführen. Entgegen aller Wahrscheinlichkeit gelang ihr dies auch, und die leidenschaftliche Liebesbeziehung der beiden schönen Frauen versetzte ganz Paris in Aufruhr.*

Als Natalies Vater Wind davon bekam, beorderte er sie umgehend zurück nach Washington, D. C., und befahl ihr zu heiraten. Aber er starb, bevor ein passender Ehemann gefunden werden konnte, und Natalie kehrte als 2,5-Millionen-Dollar-Erbin nach Paris zurück.

In Natalie Barneys Leben gab es so viele Affären, daß man sie einen weiblichen Don Juan nannte. Die letzte hatte sie mit fünfundachtzig. Zu ihren Liebhaberinnen gehörte die Dichterin Renée Vivien, mit der sie zu Ehren Sapphos nach Lesbos reiste, sowie die Malerin Romaine Brooks und die Schriftstellerinnen Dolly Wilde und Djuna Barnes. Natalies Leidenschaft hielt meistens nicht lange vor, zum Bedauern ihrer Geliebten, die sie zu verlassen pflegte, um das nächste Herz zu brechen, wodurch sie sich Drohungen, Selbstmordversuche und gewalttätige Szenen einhandelte. Aber sie hatte die seltene Gabe, Freundschaften zu pflegen, so daß die meisten Geliebten trotz allem im Laufe der Zeit zu Freundinnen fürs Leben wurden.

1909 zog Natalie im Alter von dreiunddreißig Jahren in das Haus

* In ihrem Roman *Idylle Sapphique*, der in Frankreich einer der skandalumwittertsten Bestseller des frühen zwanzigsten Jahrhunderts wurde, erzählt Liane de Pougy von der Beziehung.

Nummer 20 der rue Jacob, einer schmalen Gasse aus dem siebzehnten Jahrhundert nahe St. Germain des Prés am Rande des Quartier Latin. Das elegante kleine Haus mit seinen gußeisernen Balkons soll ursprünglich im Besitz einer Maitresse Ludwigs des XIV. gewesen sein. Natalie stattete es mit den ausrangierten Wandteppichen, samtbezogenen Diwans, goldgerahmten Spiegeln und dem Konzertflügel ihrer Mutter aus. Das Haus war durch einen großen Vorgarten von der Straße abgetrennt und in seiner Abgelegenheit der ideale Treffpunkt für Verliebte. Am schönsten war der überwucherte Garten mit einem kleinen dorischen Tempel, über dessen Eingangstür die Worte »à l'amitié« gemeißelt sind. Amerikanische Besucher nannten ihn den Tempel der Freundschaft.*

1909 führte Natalie in der rue Jacob 20 ihren »Freitags-Salon« ein, einen literarischen Salon, der von den herausragendsten Denkern und Intellektuellen dieses Jahrhunderts besucht wurde. Sie setzte ihn während der kommenden sechzig Jahre fast ununterbrochen fort, trotz des Bombardements im Ersten Weltkrieg, der deutschen Invasion im Jahre 1941 und der Studentenrevolten, die 1968 fast um die Ecke stattfanden.

In den zwanziger Jahren war Natalies »Freitag« schon längst zu einer Institution geworden, die amerikanischen und französischen Schriftstellern die Möglichkeit bot, einander auf unterhaltsame Weise kennenzulernen. Ihr Gästebuch aus jener Zeit weist so viele berühmte amerikanische Namen auf, daß es sich liest wie ein Pariser *Who's Who* der zwanziger Jahre: Ernest Hemingway, Scott und Zelda Fitzgerald, Sinclair Lewis, Sherwood Anderson, Janet Flanner, Edna St. Vincent Millay, Djuna Barnes, Isadora Duncan, Ford Madox Ford, William Carlos Williams, Sylvia Beach, Gertrude Stein, Alice B. Toklas, Ezra Pound, Virgil Thomson, Hart Crane und George Antheil. Die Franzosen waren auch vertreten, unter anderem Colette, Adrienne Monnier, André Gide, Jean Cocteau, Max Jacob, Marie Laurencin und Apollinaire. Der Komponist George Antheil charakterisiert Natalies Aktivitäten jener Zeit, indem er schreibt, daß sich in ihrem Salon »die Elite des Jahres

* Inzwischen ist der Tempel der Freundschaft ein Kulturdenkmal und darf ohne die ausdrückliche Einwilligung der französischen Regierung nicht verändert werden.

1926, die begüterte und betitelte Intelligenz (versammelte), die in dieser Stadt die moderne Kunst in all ihren Spielarten überhaupt erst finanziell ermöglichte«.

Der Salon war hauptsächlich ein literarischer, wahrscheinlich weil Natalie selbst Schriftstellerin war.*

Aber es gab dennoch nicht nur Lesungen. Zu den denkwürdigsten Veranstaltungen gehörten: der Auftritt einer Truppe nackter javanischer Tänzerinnen, George Antheils Premiere seines Stücks *Erstes Streichquartett*, die Aufführung von Colettes *La Vagabonde*, mit Paul Poiret und Colette selbst in den Hauptrollen, unter der musikalischen Begleitung der berühmten Cembalistin Wanda Landowska, Virgil Thomsons Vortrag eigener Kompositionen mit Gesang und Klavierspiel, Gertrude Steins Lesung ihres Buches *The Making of Americans* im Original, also auf englisch, gefolgt von Natalies französischer Übersetzung, von ihr selbst vorgetragen, und Mata Haris Ritt nackt durch den Garten auf einem Schimmel mit smaragdverziertem Geschirr.

Viele schöne Frauen, von denen die meisten weibliche Gesellschaft bevorzugten, besuchten den Salon. Viele männliche Gäste, wie zum Beispiel William Carlos Williams, hatten damit ihre Probleme:

»Sie (Natalie) war äußerst kultiviert und absolut nicht auf den Kopf gefallen ... Ich bestaunte sie und ihren schönen, gut gepflegten Garten, ihre Turteltauben, ihre japanischen Dienstboten. Überall waren Offiziere mit roten Knöpfen am Revers und Frauen, wo man auch hinsah. Ich beobachtete, wie sich eine kleine Gruppe von ihnen ins Nebenzimmer schlich und dabei verstohlen um sich

* Innerhalb von dreiundsechzig Jahren schrieb Natalie zehn Bücher, wovon ihre dreibändige Autobiographie zu den bemerkenswertesten gehört. Im ersten, 1929 erschienenen Band, *Aventures de l'Esprit*, beschreibt sie die Schriftsteller, die sie in jener Zeit kennenlernte, darunter Oscar Wilde, Anatole France, Proust und Rilke. Im zweiten Band, *Souvenirs Indiscrets*, der 1960 veröffentlicht wurde, spricht sie freimütig über ihre Liebhaberinnen, die inzwischen größtenteils verstorben waren. In *Traits et Portraits* (1963) werden, ähnlich wie im ersten Band, Schriftsteller vorgestellt, beispielsweise André Gide, Jean Cocteau und Gertrude Stein.

Die amerikanische Schriftstellerin Natalie Clifford Barney
(1875 - 1972) im Salon ihres Hauses am Square Furstemberg

blickte, in der Hoffnung, daß ihr Abgang nicht unbemerkt bliebe. Ich ging raus, stellte mich hin und pißte erstmal ordentlich.«

Die Erfrischungen wurden im Eßzimmer von Natalies Butler serviert, einem Franzosen, der täglich einen schwarzen Lockenkopf auf seine Glatze malte. Die meisten Delikatessen wurden von der Haushälterin Berthe zubereitet, die ihr Leben lang bei Natalie arbeitete. In einem Interview mit George Wickes, dem Verfasser der Barney-Biographie *The Amazon of Letters*, beschreibt Natalies Nachbar Eyre de Lanux das Eßzimmer folgendermaßen:

»Es ging auf einer Seite zum Garten hinaus, so daß der Raum von einem grünen Dämmerlicht durchflutet wurde, das sich auf den Gläsern und auf der silbernen Teekanne spiegelte und eine Wirkung erzeugte, als befinde man sich unter Wasser. Ein riesengroßer ovaler Tisch - mit Spitzendecke, glaube ich - war an einem Ende mit Teekanne und -tassen gedeckt und am anderen mit gläsernen Schalen, die Obstsalat enthielten. Ich kann mich auch noch an dreieckige Sandwiches und kleine Torten mit Harlekinmuster erinnern.«

Eine Freundin, Bettina Bergery, erzählte Wickes von »kleinen Gurkensandwiches, die an feuchte Taschentücher erinnerten und auf Oscar Wilde anspielten, sowie andere poetische und delikate Delikatessen, die in der Literatur vorkommen«. Die Gurkensandwiches müssen wirklich etwas ganz Besonderes gewesen sein, denn Janet Flanner kam in einem Interview, das Jahre später stattfand, innerhalb einer Stunde viermal darauf zu sprechen.

Als sich Truman Capote in den späten vierziger Jahren dem Salon anschloß, hatte sich offenbar nicht viel geändert. In seinem Nachwort zu Wickes' Biographie erinnert er sich, daß man sich »bei Miss Barney in einem Raum mit einem riesigen, gewölbten Milchglasdach versammelte. Die Inneneinrichtung war aus der Jahrhundertwende, mit einem leicht orientalischen Flair, wie eine Mischung aus Kapelle und Bordell. An der Wand stand immer ein großes Buffet mit den wundervollsten Sachen - die köstlichsten Erdbeer- und Himbeertorten, und das mitten im Winter. Und immer gab es Champagner. Tee und Champagner.«

Menü für Natalie Barneys Salon

Obstsalat
Gurkensandwiches à la Oscar Wilde
Erdbeer- und Himbeertörtchen
Champagner
Tee

Obstsalat:

Besorgen Sie eine Auswahl der besten Früchte der Saison: Beeren, Pflaumen, Melonen, Nektarinen und Pfirsiche im Sommer, und im Winter Bananen, Orangen, Birnen und Äpfel. Waschen und trocknen Sie das Obst und geben es in eine Schüssel, wobei Sie die größeren Früchte in mundgerechte Stücke schneiden. Geben Sie je Portion 1 EL schwarzen Johannisbeer-, Kirschlikör oder Cassis hinzu, und, nach Belieben, ein wenig Puderzucker. (Alice B. Toklas' Rezept finden Sie auf Seite 133.) Mischen Sie das Ganze behutsam, aber gründlich durch, decken Sie die Schüssel ab und kühlen den Inhalt ungefähr 4 Stunden. Rühren Sie erneut um, geben die Früchte in Dessertschalen und tragen sie sofort auf.

Gurkensandwiches à la Oscar Wilde:

Am besten bereiten Sie die Sandwiches erst kurz vor dem Auftragen zu, da sie schnell matschig werden, wenn sie zu lange herumstehen.

Eine große, geschälte, in sehr dünne Scheiben geschnittene Gurke ergibt den Belag für zehn Sandwiches. Legen Sie die Scheiben auf ein Sieb, das Sie leicht mit Salz bestreuen, tupfen Sie sie anschließend mit einem Stoff- oder Papierhandtuch völlig trocken und geben Sie sie zusammen mit 1 EL Olivenöl, 1 EL Zitronensaft ½ TL Zucker und einer Prise weißem Pfeffer in eine Schüssel. Rühren Sie um und lassen das Ganze ziehen, während Sie das Brot vorbereiten. Kaufen Sie das beste Weiß- oder Mischbrot, das Sie bekommen können; am besten eignet sich hausbackenes Brot vom Vortag. Schneiden Sie es in 20 dünne Scheiben und entfernen Sie die Kruste. Vermischen Sie in einer Schüssel 1 ½ Tassen ungesalzene, ungekühlte Butter, 2 EL Sahne und ½ TL Dijonsenf und bestreichen damit die Brote. Belegen Sie nun die Hälfte der Brote mit den Gurkenscheiben und legen die andere Hälfte obendrauf. Schneiden Sie die Sandwiches diagonal durch, so daß jedes die Form eines Dreiecks hat, und arrangieren Sie sie auf einer mit Kresse garnierten Servierplatte.

Erdbeer- und Himbeertörtchen:

In jeder französischen Boulangerie gibt es verschiedene Sorten Obsttörtchen. Das folgende Rezept ist für 12 Törtchen berechnet.

Für den Teig brauchen Sie 2 Stangen bzw. ½ Pfund Butter. Lassen Sie sie weich werden, geben sie zusammen mit 2 Tassen Mehl und 1 ½ EL Zucker in eine Rührschüssel und arbeiten sie mit einer Gabel ein, bis sich eine klumpige Masse bildet. Verrühren Sie in einer anderen Schüssel je 1/8 TL Mandel- und Vanilleextrakt mit 2 EL Wasser und geben dies in den Teig, den Sie zu einer Kugel formen, ein wenig flachdrücken, in Wachspapier einwickeln und 1 Stunde in den Kühlschrank legen. Lassen Sie ihn anschließend bei Zimmertemperatur stehen, bis er wieder formbar ist und geben ihn in die Förmchen, die Sie zuvor eingefettet haben. Die Kruste sollte ca. ½ cm dick sein. Drücken Sie ihn an den Rändern mit den Zinken einer Gabel an. Waschen und trocknen Sie je 2 Tassen Erdbeeren und Himbeeren, legen Sie sie in getrennte Schüsseln und streuen Sie 1 EL Zucker darüber. Sollten die Beeren sehr saftig sein, vermischen Sie den Zucker vorher mit 1 TL Pfeilwurz. Füllen Sie die Hälfte der Törtchen mit Erdbeeren und die andere mit Himbeeren und stellen sie 35-45 Minuten in den auf 190 Grad vorgeheizten Ofen, bis die Krusten goldbraun sind. Es wird leicht sein, sie aus den Förmchen zu entfernen, da sie sich während des Backvorgangs bereits von den Rändern lösen.

Tee und Champagner:

Auf Seite 191 finden Sie eine kurze Abhandlung zum Thema Champagner. Ratschläge zur Zubereitung von Tee können Sie auf Seite 65 nachlesen.

John Dos Passos und Ernest Hemingway: Beim Radrennen

✷

Die sechstägigen Radrennen im Frankreich der zwanziger Jahre waren in etwa vergleichbar mit den Tanzmarathons, die zur selben Zeit in den USA stattfanden. Sowohl beim Tanzen als auch beim Radfahren versuchten die Teilnehmer, die von einer Zuschauermenge beobachtet wurde, so lange wie möglich in Bewegung zu bleiben, und die, die es am längsten schafften, bekamen als Preis eine beachtliche Summe Geld.

Allerdings gab es auch erhebliche Unterschiede zwischen beiden Sportarten. Die Radfahrer waren in der Regel professionelle Sportler, die Tänzer meistens Jugendliche, die dringend Geld brauchten. Die Tanzturniere wurden zumeist nur in Form von Tabellen in den Tageszeitungen abgehandelt, während die Radrennen in den französischen Zeitungen Schlagzeilen machten und im Radio sowie in verschiedenen Zeitschriften ausführlich besprochen wurden. Der größte Unterschied lag aber bei den Zuschauern, die bei den amerikanischen Tanzmarathons größtenteils arme Leute waren, bei den französischen Radrennen wiederum aus allen gesellschaftlichen Klassen und Einkommensgruppen stammten.

Die Rennen fanden in Paris im Vélodrome d'Hiver statt, einer großen Sporthalle in der Nähe des Eiffelturms. Nur wenige Zuschauer erschienen an allen sechs Tagen; manche kamen nur einmal, andere schauten hin und wieder einmal herein. Für ein paar Francs bekam man einen Tribünenplatz. Man konnte sich etwas zu essen mitbringen und so lange herumsitzen, wie man eben Lust hatte. Für ein paar zusätzliche Francs konnte man einen Platz auf der Empore buchen und beim Champagner oder beim Diner den

Radfahrern von oben zuschauen, wie sie immer und immer wieder um die hölzerne Rennbahn kurvten. Der Journalist Sisley Huddleston schildert die Veranstaltung folgendermaßen:

»Die Pariser Abende kann man auf außergewöhnliche Art genießen, indem man sich das Sechstagerennen im Vélodrome d'Hiver ansieht ... Während die armen Radfahrer wie die Hamster kreisen, stellt sich eine zusammengewürfelte Menge ein. Nach Mitternacht ist der Anblick am interessantesten. Da sieht man das schlagfertige, aber vorlaute Pariser Volk, das die Sportler anfeuert oder beschimpft, sowie die Pariser Schickeria mit ihren Pelzen und ihrem Brillantschmuck. Sie bieten den Teilnehmern Preise an, und wenn diese nicht großzügig genug ausfallen, werden sie vom Volk mit lautstarker Verachtung gestraft; die Frauen werden als ›poules de luxe‹ bezeichnet. Der Kontrast zwischen den reichen, Champagner schlürfenden Müßiggängern in ihren Logen und den Volksmassen auf der Tribüne ist verblüffend. Das befremdliche Szenario ist in kaltes, weißes Licht getaucht, und die ›Hamster‹ drehen eine Runde nach der anderen...«

Ernest Hemingway, selbst aktiver Sportler, war ein begeisterter Besucher der Radrennen, so wie er auch gerne Boxkämpfen, Tennisturnieren und Stierkämpfen beiwohnte. Der Journalist William Shirer war überrascht, als er Hemingway zum ersten Mal begegnete, weil er weder die Art noch das Aussehen eines Schriftstellers besaß:

»Er war groß und kräftig, hatte eine gesunde Gesichtsfarbe und helle, lebhafte Augen. Er fing an, mit mir über Sport zu reden, über das sechstägige Radrennen im Vélodrome d'Hiver, die Kämpfe im Cirque de Paris, über einen neuen französischen Mittelgewichtsboxer, von dem er meinte, er könne es schaffen, und über Suzanne Lenglen, das anmutige, lebhafte Tennis-As. Er erzählte mir, daß er selbst oft Tennis spiele und noch häufiger boxe ... Mit keinem Wort erwähnte er die Schriftstellerei, obwohl ich hoffte, er möge davon anfangen, da ich mich, wie die meisten jungen Amerikaner, die in Paris lebten, selbst im Schreiben versuchte.«

Wann immer er konnte, nahm Hemingway seine Freunde zu den Sportveranstaltungen mit. Gelegentlich paßte die Sportart überhaupt nicht zu der Person; einmal nahm er die sanftmütige Sylvia Beach und ihre Kollegin Adrienne Monnier mit zu einem Boxkampf, den Beach später mit den Worten kommentierte: »Wir hatten solche Angst, daß sie verbluten würden.« Aber meistens amüsierten sich alle prächtig. Offenbar war Hemingway ein ausgezeichneter Begleiter.

In den frühen zwanziger Jahren unternahmen Hemingway und John Dos Passos eine Zeitlang sehr viel zusammen. Sie wanderten und besuchten Sportveranstaltungen. Dos Passos erinnerte sich an ihren gemeinsamen Besuch des Radrennens:

»Es war wirklich ein Vergnügen, mit ihm (Hemingway) zum Sechstagerennen zu gehen. Die Six Jours im Vélo d'Hiver waren ein großer Spaß. Französische Sportveranstaltungen hatten für mich immer etwas Witziges. An den Marktständen in den schmalen Gassen, die wir beide so liebten, kauften wir immer jede Menge Wein, Käse, Brötchen, eine Portion Pâté und ein kaltes Huhn und setzten uns damit auf die Empore. Hem kannte alle Rennergebnisse sowie die Namen und Lebensläufe sämtlicher Sportler. Seine Begeisterung war zwar ansteckend, aber er machte ein ziemliches Brimborium, während ich einfach nur essen, trinken und das Spektakel genießen wollte.«

Ernest Hemingway beim Stierkampf in Pamplona, 1927

Kaninchenpâté
Kaltes Brathähnchen
Auswahl französischer Käsesorten
Baguette oder Brötchen
Wein

Kaninchenpâté:

Nach einem Zwanziger-Jahre-Rezept des Hotel of the Hunt in Villers-Cotterets, einem kleinen Dorf in der Nähe von Paris. Das Originalrezept ist 1926 im *Epicurean Yellow Guide to Paris and Environs* erschienen.

Entfernen Sie das Fleisch von den Knochen eines großen Kaninchens. Schneiden Sie das Bruststück und die Lenden in lange, schmale Streifen. Bereiten Sie eine Marinade aus ¼ Tasse trockenem Weißwein, 2 EL Weinbrand oder Kognak, 2 EL Olivenöl, ½ in Scheiben geschnittenen Zwiebel, 1 Prise Thymian und 1 zerstampften Knoblauchzehe und lassen das Fleisch über Nacht darin ziehen. Schneiden Sie das übrige Fleisch, einschließlich der Leber, in sehr kleine Würfel, geben 1 Pfund durchwachsenes Schweinegehacktes, ½ Tasse trockenen Weißwein, 1 EL Brandy, 2 EL Olivenöl, eine Prise Muskat, 1 TL Salz und ½ TL gemahlenen Pfeffer hinzu. Vermischen Sie das Ganze gründlich und lassen es in einen verschließbaren Topf über Nacht im Kühlschrank ziehen.

Legen Sie eine verschließbare Pâtéform oder Terrine mit ½ cm dicken Streifen Schweinespeck aus. Nehmen Sie die Brust- und Lendenstücke aus der Marinade und legen Sie sie zunächst einmal beiseite. Rühren Sie Farce in die Marinade. Geben Sie nun ⅓ der Mischung in die Terrine, arrangieren Sie ⅓ der Brust- und Lendenstücke obendrauf, geben wiederum Marinade darauf und schichten auf dieselbe Art weiter, bis die oberste Schicht die dritte Lage Fleisch ist. Diese belegen Sie mit weiteren Scheiben Schweinespeck und einigen Zweigen Thymian. Verschließen Sie die Terrine mit

Alufolie, legen den Deckel drauf und stellen die Terrine in einen größeren, mit kochendheißem Wasser gefüllten Topf, wobei die Terrine zu halber Höhe im Wasser stehen sollte. Stellen Sie den Topf in die unterste Etage des auf 180 Grad vorgeheizten Backofens und lassen die Pâté ca. 1 ½ Stunden garen. Wenn sie die Ränder der Terrine nicht mehr berührt und der Saft keine Rotfärbung mehr erkennen läßt, ist die Paté fertig. Lassen Sie sie mehrere Stunden auskühlen und servieren sie entweder auf Tellern oder direkt aus der Terrine.

Kaltes Brathähnchen:

Siehe Rezept für Brathähnchen auf Seite 178. Verzehren Sie die eine Hälfte frisch aus dem Backofen und kühlen die andere über Nacht, um sie tags darauf fürs Menü zu verwenden.

Auswahl französischer Käsesorten:

Französischer Käse wird im Kapitel über Kiki und Man Ray auf Seite 89 abgehandelt.

Weinvorschläge:

Ein würziger, trockener Weißwein, beispielsweise ein Entre-deux-mers oder ein Muscadet würde hervorragend zu diesem Picknick passen.

Jimmie the Barman: Aphrodisiaka

✷

Er war ein ehemaliger Boxer der Fliegengewichtsklasse, stammte aus Liverpool und hielt Amerikaner für die nettesten Menschen der Welt. »Ich mochte sie sehr«, sagte er von den vielen GIs, die er während des Krieges kennengelernt hatte. Sie waren »immer für einen Drink, für ein paar schöne Stunden oder für eine Keilerei zu haben«.

Und aus einem Drink, ein paar schönen Stunden und einer Keilerei bestand im wesentlichen das Leben des James Charters. Er mixte die besten Drinks in den unterhaltsamsten, rauflustigsten Bars des Montparnasse. Eine ganze Generation von Amerikanern kannte ihn als Jimmie the Barman. Er war sanft und streitbar zugleich und so beliebt, daß seine Anwesenheit hinterm Tresen den Tagesumsatz der Bar versechsfachte. Er wechselte oft die Stelle, drückte mal dem Dingo, mal dem Jockey, dann mal wieder dem Hole in the Wall, dem Trois et As und Dutzend anderer Bars seinen unverwechselbaren Stempel auf. Unter seinen Freunden und Stammkunden befanden sich Sylvia Beach, Ernest Hemingway, Bob McAlmon, Laurence Vail, Peggy Guggenheim, Kay Boyle, Djuna Barnes, James Joyce, Man Ray, Kiki, Nina Hamnett, Lady Duff Twysden, Isadora Duncan, Jean Cocteau, Marcel Duchamp, Hart Crane und Sinclair Lewis.

Vielleicht war Jimmie deshalb so beliebt, weil er seinerseits den Montparnasse so sehr liebte, wie das folgende Zitat aus seinen Memoiren deutlich macht:

»Bevor ich auf den Montparnasse kam, war ich noch nie zuvor in einem Tollhaus gewesen. Ich hatte noch nie erlebt, daß Leute trinken, um betrunken zu werden, und daß Maler, Schriftsteller, Adlige, amerikanische Matrosen und Frauen von zweifelhaftem Ruf einander ohne Vorbehalt begegnen ... alle reden miteinander, alle sind Freunde, ohne einen trennenden Klassenunterschied wahrzunehmen, alle lernen voneinander, alle interessieren sich für die Kunst und verehren sie als solche ... Wenn ich mit solch einer Gruppe den Abend verbrachte, hörte ich das Neueste vom letzten Boxkampf, Erörterungen darüber, wie ein junger Mann ein Mädchen im Bett behandeln sollte oder wie man eine transatlantische Luftpost organisieren könnte, oder über einen Selbstmord - es wurde allerhand erörtert!«

Noch ein Grund für Jimmies Popularität war die Tatsache, daß er sein Metier meisterhaft beherrschte. Hemingway, ein legendärer Trinker, hielt Jimmie für einen so hervorragenden Barkeeper, daß er dies in seinem Vorwort zu Charters Autobiographie eigens erwähnte. In seinem Roman *Paris Was Our Mistress* berichtet Samuel Putnam, daß Jimmie betrunkene und zänkische Gäste zwar länger als unbedingt nötig gewähren ließ, irgendwann aber die Geduld verlor. Wenn jemand den ehemaligen Boxer allzusehr reizte, landete er einfach einen professionellen Hieb und beförderte den Querulanten in den Tiefschlaf...

»... so sanft und schmerzlos wie möglich; anschließend pflegte er vor die Tür zu gehen, den Burschen aufzuheben, ihm den Staub abzuklopfen und sich bei ihm, sobald er wieder bei Bewußtsein war, zu entschuldigen. Anschließend bestellte er ein Taxi, gab dem Fahrer Anweisung, den Fahrgast sicher zu Hause abzuliefern und bezahlte sogar den Fahrpreis! Ist es denn ein Wunder, daß wir ihn vergötterten?«

In seiner Autobiographie vermittelt Jimmie dem Leser Einblick in den Berufsalltag eines Barkeepers. Am interessantesten ist seine Studie über die Trinkgewohnheiten der verschiedenen Künstler. Maler und Photographen, schreibt er, sind die schwersten Trinker und auch die, die am meisten Krach machen, dicht gefolgt von den Journalisten. Die Schwermütigsten sind, laut Jimmie, die Bildhauer, und die, die dem Weißwein am meisten zugetan sind, die Schriftsteller. Er zollt denjenigen, die Whiskey pur trinken, größte Anerkennung, und er verrät das bislang eifersüchtig gehütete Rezept für seinen beliebtesten Drink:

Jimmie the Barman (3.v.l.) vor dem Café Dingo, 1925

»Und nun werde ich mich der Frage zuwenden, die mir, häufig mit einer bestimmten Absicht, so manches Mal gestellt wurde: welche Drinks haben eine aphrodisische Wirkung? ... Ich muß Ihnen unbedingt von einem Cocktail erzählen, den ich erfand, als ich im Dingo arbeitete, und der bei einigen Gästen aus dem Viertel eine beachtliche Wirkung ausübte ... Zwei starke Gläser davon bewirkten so einiges! ... Der Cocktail veranlaßte Frauen, sich in der Öffentlichkeit zu entkleiden, so daß ich oft damit beschäftigt war, nackte Damen in Mäntel zu hüllen! Aber das Wissen um die Wirkung hinderte die weibliche Kundschaft nicht daran, Jimmie Spezial zu bestellen. Ich wünschte, ich bekäme für jede nackte oder halbnackte Dame, die ich während der Montparnasse-Zeit einhüllen mußte, hundert Francs!«

Jimmie Spezial

Jimmie Spezial:

Dieses Rezept gilt für zwei Portionen. Geben Sie folgende Zutaten in einen Cocktailmixer: 1 Schnapsglas Kognak und je ½ Schnapsglas Pernod, Amer-Picon, Mandarin und Kirschwasser. Schütteln Sie die Zutaten gut durch. Der Cocktail wird pur oder mit Soda getrunken.

Djuna Barnes: Salattage

Lawrence Durrell sagte einmal, daß er froh sei, in derselben Epoche wie Djuna Barnes zu leben. Der frühere UN-Generalsekretär Dag Hammarskjöld war der Ansicht, sie sollte den Literaturnobelpreis bekommen. Dylan Thomas bezeichnet Barnes' *Nachtgewächs* als eines der drei besten Prosawerke, die je von einer Frau verfaßt wurden. James Joyce schenkte ihr ein mit zahlreichen Anmerkungen versehenes Originalmanuskript von *Ulysses*. Und die Journalistin Janet Flanner schrieb, Barnes sei die bedeutendste zeitgenössische in Paris lebende Schriftstellerin, eine Berühmtheit unter den Schriftstellern der Rive gauche.

Wenn man diese Lobesworte liest, wundert man sich, daß Barnes' Werke heutzutage nicht sehr bekannt sind. Vielleicht liegt es daran, daß sie, wie Sylvia Beach einmal bemerkte, »keine Marktschreierei betrieb«. Sie hat aber sehr wohl einen Leserkreis, und er scheint sich heute noch zu vergrößern. *Nachtgewächs*, ihr bekanntestes Buch, war seit seinem Erscheinen im Jahre 1936 noch kein einziges Mal vergriffen. Andere ihrer Werke werden immer wieder neu aufgelegt: die englischsprachige Ausgabe von *Ladies Almanach* und von *Spillway* 1972, eine Sammlung journalistischer Arbeiten 1985 und der Roman *Ryder*, beide ebenfalls in der Originalsprache, 1990.

Djuna Barnes wurde 1892 im Norden des Staates New York geboren, von wo aus sie 1911 nach New York City zog, um am Pratt Institute Kunst zu studieren. Im selben Jahr wurden in *Harper's Weekly* ihre ersten Gedichte veröffentlicht, was sie dazu ermutigte, das Schreiben fortzusetzen. Bald erschienen ihre Interviews mit Berühmtheiten wie Lillian Russell und Diamond Jim Brady in namhaften Zeitschriften, beispielsweise in *Smart Set* und in *Vanity Fair*, wodurch sie sich in diesem Metier einen Namen machte. Wenige Jahre später zog sie nach Greenwich Village und widmete sich dem Schreiben von Theaterstücken und Kurzgeschichten. Im Providence Playhouse wurden in den Jahren 1919 und 1920 drei ihrer Stücke aufgeführt, und weitere erschienen in den führenden Literaturzeitschriften, die auch ihre Gedichte, Geschichten und Illustrationen publizierten.

1921 zog Barnes nach Paris und schlug ihre Zelte zunächst einmal im Hôtel d'Angleterre auf, wo Man Ray, Berenice Abbott, Sherwood Anderson, Marcel Duchamp und Harold Loeb, die sie größtenteils bereits aus Greenwich Village kannte, ebenfalls logierten. Die attraktive, hochgewachsene Djuna Barnes integrierte sich rasch innerhalb der Künstlerszene. Sie war beliebt, wenn auch nicht bei allen; ihre Anhänger waren begeistert von ihrem Witz und ihrem Charme, während ihre Feinde sie für hochnäsig, grob und oberflächlich hielten. Margaret Anderson sagte über sie, sie stehe »auf schlechtem Fuß mit ihrer eigenen Psyche«.

Irgendwann bezog Barnes eine Wohnung auf dem Boulevard St.-Germain, zusammen mit ihrer neuen Lebensgefährtin, Thelma Wood, einer Silberstiftzeichnerin, die eine Neigung zum Alkoholismus und ein ausschweifendes Wesen hatte. Wood, deren Schönheit in den zeitgenössischen Memoiren oft erwähnt wird, pflegte mit ihrem roten Bugatti die schmalen Gassen von Paris unsicher zu machen, während die Passanten offenen Mundes am Straßenrand standen und ihr hinterherschauten.

Die Beziehung der beiden Frauen hielt zehn Jahre. Sie war einerseits voller Liebe, Anhänglichkeit und Zärtlichkeit, aber andererseits auch von exzessivem Alkoholgenuß und Gewalt gezeichnet. Wood konnte ungeheuer viel trinken, einen ganzen Tag und eine ganze Nacht lang, und oft gabelte sie sich anschließend eine(n) gutaussehende(n) Fremde(n) auf und tauchte mit ihr oder ihm einen Tag oder eine Woche lang unter. Wenn Thelma nachts nicht nach Hause kam, was häufig passierte, suchte Djuna verzweifelt sämtliche Bars, Cafés und Bistros nach ihr ab. Die Vorwürfe, die Eifersucht und die Wut waren derart gewaltig, daß ihre Liebe schließlich daran zerbrach. Das 1936 erschienene Buch *Nachtgewächs* handelt größtenteils von Barnes' Beziehung mit Wood.

Trotz ihrer Beziehungskrisen und ihres eigenen Alkoholproblems war Barnes in den zwanziger Jahren ziemlich produktiv. *Leidenschaft*, eine Sammlung von Kurzgeschichten, Gedichten und Theaterstücken, erschien 1923 und erhielt gute Kritiken. *Ryder*, ein düsterer, trostloser, in einem üppigen, ausgeschmückten Stil verfaßter Roman erschien 1928 und ließ die Literaturszene aufhorchen. Die *Saturday Review* bezeichnete den Roman als »das erstaunlichste Buch, das je von einer Frau geschrieben wurde«, die *transition* schrieb, es sei »ein Werk von derart strenger, reifer Schönheit, wie es uns noch keine Frau und erst wenige Männer beschert haben«. *Der Argonaut* schildert es als »vulgär, wunderschön, trotzig, geistreich, poetisch und leicht verrückt ... etwas absolut Erstaunliches aus der Feder einer Frau«.

Ryder, das Barnes selbst illustriert hatte, wurde wegen angeblicher Obszönität vom Zollamt der Vereinigten Staaten beschlagnahmt. Die Regierung verfügte, daß der Roman nur dann in den USA verkauft werden dürfe, nachdem bestimmte Zeichnungen und Worte entfernt worden seien. Barnes bestand darauf, daß die zensierten Worte durch Sternchen ersetzt wurden, um der Öffentlichkeit zu zeigen, »wo der Krieg, der so blindlings geführt wurde gegen das geschriebene Wort, seine Spuren hinterlassen hat«. Trotz der Kürzungen, oder gerade deswegen - wurde *Ryder* in den USA ein Bestseller.

Ladies Almanach, ein schmaler Band mit Holzschnitten und verschleierten Schilderungen bekannter Persönlichkeiten, erschien 1928 im Selbstverlag; als Verfasserin wird lediglich »Eine modische Dame« genannt. *Ladies Almanach* ist eine geistreiche, schwungvolle Satire über eine Gruppe Lesben. Der Stil ist üppig-elisabethanisch und der Aufbau, wie in den meisten Werken von Barnes, nicht chronologisch. Die Hauptfigur, Evangeline Musset, die von den anderen Frauen vergöttert wird, ähnelt sehr Barnes' enger Freundin Natalie Barney. Auch die anderen Figuren hatten ihre lebenden Vorbilder; unter anderem werden Janet Flanner, Lady Una Trowbridge, Mina Loy, Dolly Wilde (Oscars Nichte), Esther Murphy (Schwester von Gerald), Solita Solano und Radclyffe Hall karikiert. In folgendem Auszug ist Barnes' elisabethanischer Schreibstil besonders gut zu erkennen:

»Festmahl des Winters nach Hunger des Sommers läßt alle Bäche überschäumen, und wie immer man die Molke verarbeiten mag, die Hände werden Butterflecke auf dem Löschpapier der Beichte hinterlassen. Also iß deinen Wintersalat, bete deinen Rosenkranz, sieh' in den Spiegel oder stell' dich um Mitternacht in die Kälte, oder leg' etwas unter dein Kopfkissen, um zu erfahren, was du kannst, wenn die Sonne aufgeht, oder sieh' dir den Mond an, der dir über die Schulter scheint, der umherwandert und die Welt nach einem Omen absucht; du wirst sie bekommen, du wirst sie besitzen, du wirst sie nehmen und du wirst sie verlieren, du wirst um eine Kleinigkeit danebentreffen oder einen Meter zu weit zielen, unterschätzen, überschätzen, heißes oder kaltes Bett! Der Ast beugt sich nur dann, wenn jemand ihn streift, und manche müssen vorgehen und andere hinterdrein folgen. Und warum ist der Urwald so niedergetrampelt, wenn nicht deshalb, weil ein Bison, ein Bison und ein Bison hindurchgelaufen sind?«

Wintersalat:

Bravig Imbs hat die Anregung zu diesem Salat gegeben. In seiner Autobiographie, *Confessions of Another Young Man* beschreibt er einen Salat aus Sellerie, Endivien, Cinquefoil und Brunnenkresse. Cinquefoil ist eine wilde Rose, die in Nordamerika blüht.

Verrühren Sie in einer kleinen Schüssel 1 EL Walnußöl, 2 EL hochwertiges Olivenöl, 1 EL Himbeeressig und eine kleingehackte Schalotte. Lassen Sie die Soße ziehen, während Sie den Salat zubereiten.

Entfernen Sie Strünke und Stiele von 2 Endiviensalaten und 1 Strauß Brunnenkresse und zerrupfen Sie 1 Friséesalat. Waschen Sie den Salat, lassen ihn abtropfen und geben ihn in eine Salatschüssel. Schälen Sie einen kleinen Knollensellerie, schneiden ihn in dünne Scheiben, die Sie wiederum in Streifen schneiden und geben Sie höchstens ½ Tasse dieser Streifen in die Schüssel. Gießen Sie die Soße über den Salat und heben sie unter. Streuen Sie direkt vorm Auftragen die Blätter einer makellosen roten Rose über den Salat.

1924

In Paris

... führen die Schiffahrtsgesellschaften die »dritte Touristenklasse« ein, so daß eine Reise über den Atlantik erheblich billiger wird, was dazu führt, daß Künstler und Studenten zu Tausenden in Paris einfallen ... Es kommen nach Paris: Langston Hughes, Bricktop, Scott und Zelda Fitzgerald (es ist ihr zweiter Aufenthalt) und William Carlos Williams ... George Antheil komponiert sein *Ballet Mécanique* ... Jimmie wird Barkeeper im Dingo; wenige Monate später lernen sich F. Scott Fitzgerald und Ernest Hemingway dort kennen ... Nach eigener Einschätzung hat Fitzgerald in den letzten vier Jahren 113 000 Dollar verdient und wieder ausgegeben und hat jetzt 5 000 Dollar Schulden ... Caresse und Harry Crosby gründen den Verlag Black Sun Press ... Die Three Mountains Press veröffentlicht Hemingways *In unserer Zeit* und Ezra Pounds *Antheil and the Treatise on Harmony* ... Die erste Nummer von Ford Madox Fords *Transatlantic Review* erscheint ... Ernest Hemingway, Donald Ogden Stewart und John Dos Passos fahren nach Pamplona zum Bullenlauf ...

Langston Hughes: Auf dem Dachboden

Viele schwarze Amerikaner, die sich von der toleranten Haltung der Franzosen angesprochen fühlten, zogen in den zwanziger Jahren nach Paris. Dort konnten sie ihre Sitzplätze im Bus oder im Theater selbst wählen und waren in jedem Lokal willkommen. Außerdem war es in Frankreich möglich, eine Liebesbeziehung mit einem Angehörigen einer anderen Rasse einzugehen, ohne um sein Leben bangen zu müssen. Zu den schwarz-weißen Paaren jener Zeit gehörten die adlige Engländerin Nancy Cunard und der schwarze Pianist Henry Crowder, sowie Josephine Baker und der französische Krimiautor Georges Simenon, und sein Nachfolger, ein angeblicher europäischer Graf, der Josephines erster Ehemann wurde.

Aber selbst in Frankreich war nicht alles so, wie es hätte sein sollen. Die Schwarzen mußten bei der Jobsuche sowohl mit den Franzosen als auch mit ihren weißen Landsleuten konkurrieren und zogen dabei meist den Kürzeren. Wenn man als Schwarzer Blues singen, heißen Jazz spielen oder steppen konnte, bekam man mit ziemlicher Sicherheit einen vernünftigen Job, wenn nicht, mußte man sich damit begnügen, Tellerwäscher oder Kellner zu werden. Dann bestand auch immer die Gefahr - wenn auch keine allzu große - einem bigotten amerikanischen Touristen zu begegnen, der sich weigerte, schlimmstenfalls mit Gewalt, sich an den selben Tisch zu setzen, und das war immer eine demütigende Erfahrung. Obwohl die meisten amerikanischen Bohemiens tolerant waren, oder zumindest nicht manifest diskriminierend, hielten sie sich im allgemeinen von den Schwarzen fern. Es gibt wenige Berichte aus jener Zeit, die Schwarze nicht nur als Unterhaltungskünstler erwähnen.

Der werdende Dichter Langston Hughes kam 1924 nach Paris mit sieben Dollar in der Tasche. Er war zweiundzwanzig Jahre alt und hatte nicht nur an der Columbia University studiert, sondern auch sehr aktiv in der schwarzen Künstlerbewegung Harlem Renaissance mitgewirkt. Er war aus demselben Grund nach Paris gezogen, der viele seiner weißen Mitbürger dazu veranlaßt hatte: um billig über die Runden zu kommen und seinen Beitrag zur Moderne zu leisten. Es war ihm bestimmt, einmal als bedeutendster schwarzer Schriftsteller des Jahrhunderts bezeichnet zu werden, nahezu jede Form der literarischen Artikulation zu erproben, indem er Gedichte, Romane, Kurzgeschichten, Theaterstücke, Memoiren, Drehbücher fürs Fernsehen und journalistische Beiträge verfaßt und sowohl ein Guggenheim Stipendium als auch den Harmon Literaturpreis zu bekommen.

Aber in der eisigen Februarnacht seiner Ankunft in Paris war er nichts weiter als durchgefroren, hungrig und abgebrannt. In seiner Autobiographie, *Ich werfe meine Netze aus,* erzählt er, wie er sich an jenem ersten Abend auf Jobsuche begab. Da er kein Französisch konnte, hatte er keinen Erfolg. Schließlich begegnete er vor einem Klub einer Gruppe schwarzer Musiker und fragte sie um Rat.

»›Du mußt verrückt sein, Junge‹, erwiderte einer der Männer. ›Es gibt genug Franzosen, die einen ganz normalen Job suchen. Wenn du weder Jazz spielen noch steppen kannst, dann kannst du genauso gut wieder zurück nach Hause fahren.‹«

Irgendwann fand Hughes dann doch einen Job, als Tellerwäscher in einem heruntergekommenen Nachtklub mit dem Namen Le Grand Duc. Der Duc gehörte nicht zu den beliebteren Klubs von Paris, aber immerhin kamen ab und zu Fred und Adele Astaire oder Nancy Cunard vorbei. Hughes lugte aus seiner Küche und bestaunte die illustren Persönlichkeiten, ohne auch nur zu ahnen, daß Cunard zehn Jahre später, im Jahre 1934, einige seiner Gedichte in ihre bedeutende *Negro Anthology* aufnehmen würde. Während seiner Zeit im Grand Duc lauschte Hughes Abend für Abend großen Musikern wie dem Pianisten Palmer Jones, dem Trompeter Cricket Smith und dem Schlagzeuger Buddy Gilmore, und dabei kam ihm die Idee, Jazzrhythmen in Dichtung umzusetzen. Heute sind seine Werke bekannt für ihre kurzen, direkten Strophen, in denen die Kadenzen von Blues, Jazz und Gospel mitschwingen.

Hughes war so beglückt von seinen Erlebnissen in Paris, daß er sie in *Ich werfe meine Netze aus* als Verwirklichung eines Märchens bezeichnet. Nicht genug damit, daß er in einer Dachstube hauste, Gedichte schrieb und zum Frühstück Champagner schlürfte; er verliebte sich mitten im Pariser Frühling. Seine Liebste hieß Mary und war eine bildschöne Frau afro-englischer Herkunft. Als ihr Vater von ihrer Verbindung mit einem einfachen Tellerwäscher erfuhr, beorderte er sie zurück nach London. In seinen Memoiren beschreibt Hughes den letzten gemeinsamen Abend, der in einem kleinen Restaurant in der Nähe von Sacré-Cœur begann:

»Wir bestellten Wein und Kalbsnacken und einen Salat der Saison und cœur à la crème. Anschließend machten wir einen Spaziergang die gewundenen alten Straßen hinunter, bis über den Boulevard Clichy. Irgendwie landeten wir bei mir; wir gingen durch das kühle, halbdunkle Treppenhaus die steile Treppe hoch, hoch, hoch, bis wir zur Dachschräge kamen, unter der sich mein Zimmer befand.

Auf dem Weg zu mir hatten wir bei einem Lebensmittelhändler im Schaufenster winzig kleine Erdbeeren entdeckt, die wilden französischen fraises de bois, und eine Tüte davon gekauft, sowie zwei Gläser Sahne. Damit setzten wir uns nun auf das breite steinerne Fensterbrett ins geöffnete Giebelfenster, weit über den Schornsteinen von Paris, stippten die Beeren in die Sahne, steckten sie einander in den Mund und sahen traurig zu, wie wie Sonne hinter den Dächern der Stadt verschwand. Und wir fühlten uns sehr *tristes* und jung und hilflos, weil wir nicht das tun durften, was wir wollten: zusammen glücklich sein.«

Menü für Langston Hughes

Kalbsnacken
Friseesalat mit Speck und pochierten Eiern
Cœur à la crème
Walderdbeeren mit Crème fraîche

Kalbsnacken:

Lösen Sie den Knochen aus einem mittelgroßen Stück Kalbsnacken, legen Wachspapier über das Fleisch und klopfen es zu einem rechteckigen, einheitlich dicken Stück, das Sie mit Salz und Pfeffer würzen. Vermischen Sie in einer Schüssel je ¼ Pfund Kalbs- und Schweinegehacktes oder zerkleinerten, durchwachsenen Schinken, 1 geschlagenes Ei, ¼ Tasse frische Semmelbrösel und 2 EL Weinbrand. Bestreichen Sie das Fleisch mit der zubereiteten Mischung, rollen es zusammen und binden es an drei, vier Stellen mit Faden zusammen. Erhitzen Sie in einem schweren Kochtopf 2 EL Pflanzenöl und braten das Fleisch von allen Seiten an. Gießen Sie das überschüssige Fett ab und geben Rinderbrühe hinzu, soviel, daß sie im Topf ca. 4 cm hoch steht. Bringen Sie die Flüssigkeit zum Kochen, stellen dann auf mittlere Hitze und lassen das Ganze 1 ½ Stunden kochen, wobei es wahrscheinlich notwendig sein wird, weitere Rinderbrühe hinzuzugeben; die Menge sollte während des Kochvorgangs konstant bleiben. Geben Sie anschließend zerkleinerte Karotten, Kartoffeln und/oder Zwiebeln in den Topf und lassen die Speise weitere 1 ½ Stunden bei niedriger Hitze köcheln. Legen Sie dann das Fleisch auf eine Servierplatte, garnieren es mit dem Gemüse, lassen währenddessen die Soße aufkochen, bis sie sich verdickt und gießen sie über das Fleisch und Gemüse.

Friséesalat mit Speck und pochierten Eiern:

Bereiten Sie die Salatsoße zu, indem Sie 2 EL Rotweinessig, eine zerstampfte Knoblauchzehe und 1 TL Dijonsenf in einer kleinen

Schüssel verrühren. Rühren Sie nach und nach 5 EL hochwertiges Olivenöl hinzu und würzen mit Salz und Pfeffer nach.

Toasten Sie 4 Scheiben Brot, bis sie angebräunt und etwas trocken sind, reiben sie mit einer halbierten Knoblauchzehe ab, schneiden sie in Würfel und stellen sie beiseite.

Braten Sie in einer großen Pfanne unter häufigem Rühren ½ Pfund gewürfelten Speck an, bis er knusprig ist und legen ihn auf Papierhandtücher.

Teilen Sie gewaschenen, abgetropften und in kleine Stücke zerrupften Friséesalat in vier Portionen auf, streuen die Croutons und den Speck darüber, teilen mit einem Löffel die Salatsoße aus und mahlen Pfeffer über jede Portion.

Pochieren Sie 4 Eier (siehe Anleitung auf Seite 161) und legen sie mit einem Schöpflöffel auf die Salate.

Cœur à la crème:

Um ein cœur oder auch Sahneherz zuzubereiten, brauchen Sie eine am Boden durchlässige herzförmige Form aus Porzellan. Ein gut ausgerüstetes Haushaltswarengeschäft führt normalerweise solche Formen, und viele Trödler verkaufen herzförmige Körbe, die Sie nur noch mit Mull auslegen müssen. Sollten Sie keines von beiden bekommen, können Sie sich immer noch selbst eine Form aus Pappe basteln und sie mit Alufolie auslegen. Dann müssen Sie allerdings die Zutaten über Nacht in einem Sieb abtropfen lassen.

Geben Sie 1 Pfund Frischkäse, 2 EL Sahne und eine gute Prise Salz zusammen in eine Schüssel, rühren kräftig um, bis die Masse eine luftige Konsistenz annimmt, geben 1 Tasse saure Sahne hinzu und rühren erneut um. Gießen Sie das Ganze in die herzförmige Form, die Sie mit Wachspapier abdecken und in eine Schüssel stellen, die die heraustretende Molke auffängt. Stellen Sie die Schüssel über Nacht in den Kühlschrank. Stülpen Sie dann die Form auf eine Glasplatte und garnieren den Käse mit frischen Walderdbeeren, Himbeeren oder Blaubeeren.

Walderdbeeren mit Crème fraîche:

Falls Sie keine fraises de bois, kleine Walderdbeeren, bekommen können, dann verwenden Sie die kleinsten, reifsten Erdbeeren, die es zu kaufen gibt. Spülen Sie sie mit kaltem Wasser ab, geben sie in eine Glas- oder Keramikschüssel und bieten dazu eine kleine Schale Crème fraîche an. Je nach Geschmack können Sie die Erdbeeren leicht mit Puderzucker bestäuben.

Bereiten Sie die Crème fraîche am Vortag zu, indem Sie gut einen halben Liter Sahne in einen gläsernen Krug geben, 1 EL Buttermilch hinzufügen, gut umrühren, abdecken und über Nacht an einem warmen Ort ziehen lassen. Vor dem Auftragen können Sie noch ein paar Tropfen Vanilleextrakt in die Crème träufeln und verrühren.

Gertrude Stein: In Gertrude Steins Salon

❋

Die Kriegsjahre veränderten die Pariser Welt Gertrude Steins. Picasso war inzwischen reich und berühmt geworden, hatte eine ehemalige Tänzerin des russischen Balletts geheiratet und mit ihr eine teure Wohnung am rechten Seineufer bezogen und trug nur noch maßgeschneiderte Anzüge. Apollinaire war einer tödlichen Grippe zum Opfer gefallen, Matisse nach Südfrankreich verzogen, Juan Gris schwer erkrankt und Braque hatte sich mit fast allen überworfen. Die Zeit der unbeschwerten Jugendfreundschaften war vorbei.

Aber das neue Jahrzehnt brachte auch neue Freunde mit sich, dieses Mal Literaten statt Maler, Amerikaner statt Europäer. Eine der ersten war Sylvia Beach, die Gertrude 1920 kennenlernte, kurz vor der Gründung von Shakespeare and Company. Es entwickelte sich schnell eine Freundschaft.

Obwohl Steins Werke größtenteils nicht verlegt wurden, war ihr Name in aller Munde; sie war bekannter als alle anderen in Paris lebenden amerikanischen Schriftsteller. Dies wurde ihr von vielen Kollegen verübelt, unter anderem von Robert McAlmon, der sie als Hochstaplerin bezeichnete, die die ausgeprägte Gabe besitze, auf sich aufmerksam zu machen, indem sie sich als exotische Exzentrikerin darstelle. Laut McAlmon war ihr Ruhm allein darauf zurückzuführen.

Stein war tatsächlich derart zur Institution geworden, daß Amerikaner, die Paris besuchten, das Gefühl hatten, etwas Wichtiges versäumt zu haben, wenn sie nicht Gelegenheit bekamen, die Mama des Dada kennenzulernen. Da Sylvias Buchhandlung den

Schriftstellern und Dichtern, die sich vorübergehend in Paris aufhielten, als inoffizielle Schaltzentrale diente, »suchten sie mich auf, als sei ich Fremdenführerin in einem Reisebüro, und beknieten mich, ein Treffen mit Gertrude Stein zu arrangieren«.

Einer der ersten, der von Beach in die rue de Fleurus eingeführt wurde, war Sherwood Anderson, dessen Roman *Winesburg, Ohio,* sich gerade gut verkaufte. Anderson und Stein wurden sehr schnell Freunde, vielleicht, weil er ihr schamlos schmeichelte.

Andersons Frau Tennessee wurde jedoch wie alle Ehefrauen behandelt: Sie durfte am anderen Ende des Zimmers, weit entfernt von Sherwood und Gertrude sitzen und mit Alice über Haushaltsdinge plaudern. Sie versuchte mit allen Mitteln, in die andere Unterhaltung miteinbezogen zu werden, aber Alice, die über die Jahre eine ausgefeilte Technik entwickelt hatte, Ehefrauen abzuwimmeln, gab ihr keine Chance.

Anderson machte Stein mit anderen Schriftstellern bekannt, unter anderem mit dem jungen, bislang unbekannten Ernest Hemingway, dem er ein Empfehlungsschreiben mitgab. Hemingway brachte wiederum F. Scott Fitzgerald mit, es ergab sich ein Schneeballeffekt, so daß Gertrude bald wieder volles Haus hatte und sich angesichts des nicht enden wollenden Besucherstroms erneut gezwungen sah, feste Sprechzeiten einzurichten. An den meisten Nachmittagen war sie ab 16.30 Uhr »zu sprechen«.

Und so ging es die nächsten zehn Jahre weiter. Manche Gäste erschienen regelmäßig, andere einmal und nie wieder, entweder weil Gertrude sie »primitiv« fand und nicht mehr sehen wollte oder weil sie selbst unsäglich angeödet waren. Einige empfanden Gertrude als warmherzig und großzügig, während andere sie als größenwahnsinnig und unerträglich erlebten. Die Gästeliste war endlos lang und beinhaltete, neben den bereits genannten, Namen wie Thornton Wilder, Janet Flanner, Ezra Pound, Margaret Anderson, Juan Gris, Robert McAlmon, Djuna Barnes, William Carlos Williams, Jean Cocteau, Virgil Thomson, George Antheil, Jacques Lipchitz, Ford Madox Ford und Man Ray.

Das große Zimmer, in dem Gertrude Hof zu halten pflegte, war behaglich eingerichtet mit massiven alten italienischen Möbeln, die einen irritierend gutbürgerlichen Kontrast bildeten zu den revolutionären Kunstwerken, die die Wände zierten. Mitten im Raum thronte Gertrude höchstpersönlich auf einem gutgepolsterten Renaissancesessel; über ihrem Kopf hing ihr 1906 von Picasso gemaltes Porträt. Sie führte ihre Gespräche, während Alice Tee, Kekse, Kuchen und gelegentlich hochprozentige Liköre herumreichte.

Aber was ging wirklich vor im Salon der rue de Fleurus 27?

Bravig Imbs schildert in *Confessions of Another Young Man* den typischen Verlauf eines Nachmittags bei Gertrude Stein. Er war der erste Gast und hatte als Mitbringsel einen leuchtendgelben Besen dabei. Als nächster traf Ford Madox Ford ein, dem Gertrude, wie Imbs schreibt, »sehr zugetan war, weil er Auszüge aus *The Making of Americans* in seiner Zeitschrift *Transatlantic* abgedruckt hatte«. Kurz darauf kam der Maler Pawlik Tchelitchew vorbei, dicht gefolgt vom Komponisten Virgil Thomson, »wie immer sehr gepflegt und redselig«. Als Gertrude sie dazu aufforderte, »... beendete Alice widerstrebend ihr Gespräch mit Ford und nahm ihren Platz am Teetisch ein. Es war ein niedriger, stabiler Tisch, auf dem zwei aufwendige silberne Leuchter und ausgesprochen reich verziertes Silbergeschirr standen: eine Teekanne, eine Schüssel und ein Krug. Die Tassen und Unterteller waren von klassischem Design, weiß, mit einem breiten Goldrand«. Als nächster Gast kam Sherwood Anderson. Er hatte eine solche Ausstrahlung, daß er »alle in seinen Bann zog«. Gertrude fand ihn offenbar hinreißend und nahm ihn völlig in Beschlag. Er lümmelte sich dekorativ auf der Couch, sie saß ihm unmittelbar vis à vis und unterhielt sich ausschließlich mit ihm. Picasso war auch eingeladen, erschien aber nicht. Gerade, als die Party im Begriff stand, sich aufzulösen, traf Juan Gris ein, »klein, dunkel, mit großen, ernsten Augen, die unerwartet fröhlich aufleuchten konnten ... von einer schlichten Eleganz«. Man trank noch eine Weile Tee, und dann brachen alle auf.

Es hört sich alles etwas langweilig an, oder? Aber es gab Schriftsteller, die den Salon mit ganz anderen Augen sahen, wie zum Beispiel Samuel Putnam:

»Als wir reinkamen, sahen wir Wände voll Picassos, überall Picassos und noch mehr Picassos. ›Ja, Picasso hat achtzig Porträts von mir gemalt‹, teilte Frau Stein uns mit. ›Ich habe einundneunzig Mal für ihn gesessen.‹ Wambly Bald plapperte los: ›Ihre Schriften finde ich unverständlich, Frau Stein, und zwar gewollt unverständlich.‹

Die Frau mit dem Antlitz Caesars war ihm noch nie ähnlicher als in diesem Augenblick, als sie sich zu ihrer vollen Größe aufrichtete und hochmütig erwiderte:

›My prose is obscure only to the lazy-minded. It is a well, a deep well, well it is like a well and that is well.‹ (Meine Schriften sind nur denen nicht verständlich, die geistig träge sind. Sie sind wie ein Brunnen, ein tiefer Brunnen, und das ist gut so.)

(Unübersetzbares Wortspiel: im englischen Sprachgebrauch hat das Wort »well« die zweifache Bedeutung von »Brunnen« und von »gut, wohl«. Anm. d. Übers.)

›Es gibt Leute‹, insistierte Wambly weiter, ›die behaupten, der Brunnen habe einen doppelten Boden - oder überhaupt keinen.‹

Nun blitzten Frau Steins Augen gefährlich, ähnlich denen Caesars während einer entscheidenden Schlacht, und ihre Stimme vibrierte, als sie erwiderte:

›Selbstverständlich habe ich Gegner - welches Genie hat sie nicht?‹«

Morrill Cody schreibt:

»Ich konnte nicht begreifen, warum sich dieser weibliche Koloß, dieser in Cord gehüllte Buddha derart als Autorität in Sachen Literatur aufspielen konnte. Trotzdem konnte ich nicht umhin, beeindruckt zu sein und mich ein wenig vor ihr zu fürchten ... Viele Gäste kamen wegen der Kekse und Kuchen, die Alice buk, denn sie schmeckten immer hervorragend und füllten die leeren Mägen der Bohemiens. Zu trinken gab es, außer Tee, allerdings wenig. Jedenfalls war es das kostenlose Mittagessen wert, sich eine Stunde lang Gertrudes literarische Hochleistungen und Hoffnungen anzuhören.«

Virgil Thomson schreibt:

»Da sie aus literarischen Kreisen erfahren hatte, daß George Antheil das Genie des Jahres sei, beschloß (Stein), ihn einmal in Augenschein zu nehmen. Sie ließ ihn über Sylvia Beach zu sich bestellen. George, der für alles zu haben war, aber dabei stets wachsam blieb, nahm sich die Freiheit, mich als geistigen Beschützer mitzunehmen. Natürlich ging ich mit. Alice Toklas sagte ich anfangs nicht so zu, und keine der beiden Damen war geneigt, George ein zweites Mal einzuladen. Aber Gertrude und ich verstehen uns, als ob wir in Harvard derselben Verbindung angehört hätten. Ihn verabschiedete sie nur, als wir schließlich aufbrachen, aber zu mir sagte sie, ›man sieht sich.‹«

John Glassco schreibt:

»Die Atmosphäre hatte fast schon etwas Kirchliches ... Der Raum war groß und nüchtern möbliert, aber an den Wänden hingen, Rahmen an Rahmen, die großartigsten Gemälde, von Braque, Matisse, Picasso, Picabia. Als ich mich schließlich von der umwerfenden Wirkung dieser Sammlung erholt hatte, fiel ich der ihrer Besitzerin zum Opfer, die wie ein Buddha am anderen Ende des Raumes thronte ... Von Gertrude Stein ging eine ungewöhnlich starke Aura der Macht aus, was wahrscheinlich durch die unterwürfige Haltung der Anwesenden verstärkt wurde ... Sie rief feindselige Regungen in mir hervor und zugleich eine widerstrebende Ehrfurcht, als sei sie eine heidnische Gottheit, der ich mich nicht unterwerfen wollte.«

Menü für Gertrude Steins Salon

Lapsang Souchong Tee
Kekse
Visitandinen
Schwarzer Johannisbeerlikör

Die Rezepte für die Kekse, die Visitandinen und den schwarzen Johannisbeerlikör stammen aus dem *Alice B. Toklas Kochbuch.*

Lapsang Souchong Tee:

Lapsang Souchong ist mit seinem rauchigen, geheimnisvollen Aroma die würzigste aller Teesorten. Die Wahl dieses Tees würde dem exotischen Wesen Alice Toklas' entsprechen.

Ratschläge zur Zubereitung des Tees finden Sie auf Seite 65 in dem Kapitel über Nina Hamnett und Jean Cocteau.

Kekse:

Vermischen Sie ¼ Tasse Puderzucker und 2 Tassen Weißmehl und rühren nach und nach 1 Tasse Butter ein; der Vorgang sollte etwa 20 Minuten dauern. Geben Sie nach 10 Minuten 1 EL Curaçao und 1 TL Weinbrand hinzu. Formen Sie den Teig, sobald er fertig verrührt ist, zu kleinen »Würsten« mit einer Länge von 6 cm und ca. 1 ½ cm Durchmesser. Legen Sie die Röllchen in 3 cm Abstand auf eingefettetes Backpapier und backen sie in dem auf 140 Grad vorgeheizten Ofen 20 Minuten. Heben Sie sie vorsichtig ab und bestreuen sie, solange sie noch heiß sind, mit durchgesiebtem Puderzucker. In einer luftdicht verschlossenen Keksdose sind die Kekse bis zu drei Wochen haltbar.

Visitandinen:

Die ersten Visitandinen, die es bei Stein und Toklas gab, wurden von der Haushälterin Léonie zubereitet, die behauptete, das Gebäck sei nach seinen Erfinderinnen, den Nonnen des Visitationsordens, benannt.

Lassen Sie 1 ¼ Tassen Butter in einer Bratpfanne zergehen und leicht anbräunen, nehmen dann die Pfanne vom Herd und stellen sie beiseite. Verrühren Sie in einer Schüssel 6 Eiweiß mit einem Holzlöffel, geben ⅔ Tasse feines Weißmehl hinzu und rühren weiter, bis die Mischung kremig ist. Geben Sie 1 TL Vanilleextrakt sowie die Butter, die inzwischen abgekühlt sein dürfte, in den Teig. Heben Sie 2 steifgeschlagene Eiweiß unter und geben den Teig in leicht eingefettete Förmchen, die Sie nun etwa 20 Minuten in den auf 190 Grad vorgeheizten Ofen stellen, bis das Gebäck eine goldbraune Färbung angenommen hat. Erwärmen Sie etwas Aprikosenmarmelade, sieben sie durch und glasieren die Visitandinen damit.

Schwarzer Johannisbeerlikör:

Waschen und trocknen Sie ½ Pfund Himbeeren und 3 Pfund schwarze Johannisbeeren und zerstampfen sie zu einem Brei, den Sie in eine Glas- oder Steingutschüssel geben, mit Mull abdecken und 24 Stunden an einem kühlen, dunklen Ort ziehen lassen. Geben Sie dann 1 Tasse saubere, trockene Johannisbeerblätter und gut einen Liter Wodka hinzu. Decken Sie die Schüssel dieses Mal mit einem Teller ab und lassen das Ganze weitere 24 Stunden ziehen. Am dritten Tag passieren Sie den Brei durch ein feinmaschiges Sieb und stellen ihn erstmal beiseite. Geben Sie 3 Pfund Zucker und 3 Tassen Wasser in einen großen Topf, bringen das Wasser zum Kochen und lassen es dann bei niedriger Hitze unter häufigem Rühren 5 Minuten köcheln. Nehmen sie den Topf vom Herd, sobald sich der Sirup ganz abgekühlt hat, geben Sie die Beeren mit Wodka hinzu. Lassen Sie die Mischung 3 Stunden durchziehen, sieben Sie sie durch ein Gazetuch und füllen sie in Flaschen ab, die Sie verkorken.

1925

In den Vereinigten Staaten

... berichtet das jüngst erschienene Buch *Paris on Parade* vom »Gemeinschaftsunternehmen fortschrittlicher englischsprachiger Literatur, unter der Leitung der Schriftsteller Ford, Beach, Joyce, McAlmon, Bird, Hemingway, Antheil und Pound«; die Aussage lockt einen neuen Schwarm junger amerikanischer Schriftsteller, die ihre Vorbilder kennenlernen wollen, schnurstracks nach Paris ... Djuna Barnes' Theaterstück *The Dove* feiert seine Premiere am Broadway mit Juliet Anderson in der Hauptrolle ... F. Scott Fitzgeralds Roman *Der Große Gatsby* sowie *Manhattan Transfer* von John Dos Passos werden veröffentlicht ...

In Paris

... kommt der Charleston in Mode ... brechen die Hemingways zusammen mit Harold Loeb, Lady Duff Twysden, Bill Smith, Pat Guthrie und Donald Ogden Stewart ins spanische Pamplona auf, um das dort jährlich stattfindende San Fermin Fest mitzufeiern; dieses Erlebnis schildert Hemingway in seinem ersten Roman, *Fiesta* ... Pro Woche kommen 5000 Amerikaner nach Paris ... Der moderne französische Komponist Erik Satie stirbt und hinterläßt eine umfangreiche Sammlung von Regenschirmen und Melonen ... Erstaufführung von Ezra Pounds Oper *Testament*, einer Vertonung der Gedichte François Villons im Salle Pleyel; das Publikum und die Kritiker sind begeistert ... Kiki wird in Villefranche wegen Prostitution verhaftet ... Im Oktober findet die erste Ausstellung surrealistischer Kunst statt, mit Werken von Picasso, Arp, Ernst, Miró u. a.; als einziger Amerikaner ist Man Ray vertreten ... Der diesjährige Schwerpunkt der Pariser Weltausstellung ist Art Déco: Architektur, Textil- und Möbeldesign etc ... Eröffnung des Café Select ... Es kommen nach Paris: Josephine Baker, William Shirer, Elmer Rice, Virgil Thomson (zum zweiten Mal) und Bravig Imbs ... *La Revue Nègre* macht Furore ... Premiere von George Antheils *Ballet Mécanique* ... Die erste Ausgabe von *This Quarter* erscheint ... Bei Contact Editions erscheint Gertrude Steins *The Making of Americans* ... Bricktop und Cole Porter lernen einander kennen ...

Josephine Baker:
Hummer in der Garderobe

Am 2. Oktober des Jahres 1925 fand im Théâtre des Champs-Élysées die französische Premiere der *Revue Nègre* statt. Als der Vorhang hochging, stand eine völlig unbekannte Tänzerin namens Josephine Baker auf der Bühne; als er fiel, war sie bereits der meistumjubelte Star von ganz Paris. Selten hat ein einziger Auftritt genügt, um eine derartige Lawine auszulösen. Josephine Bakers Debüt beeindruckte die Journalistin Janet Flanner so tief, daß sie in der Lage war, fünfzig Jahre später davon zu berichten, als habe sie es erst gestern erlebt:

»Als sie auf die Bühne kam, war sie völlig nackt, bis auf eine rosa Flamingofeder im Schritt. Ein schwarzer Riese trug sie im Spagat auf seinen Schultern. Mitten auf der Bühne blieb er stehen, legte seine langen Finger um ihre Taille und setzte sie langsam zu Boden, wobei er mit ihrem Körper einen Halbkreis beschrieb. Dort stand sie völlig reglos, gleich einer wunderschönen Last, derer er sich entledigt hatte. Sie erinnerte an eine exquisite Statue aus Ebenholz. Sie wurde von lautstarkem Beifall begrüßt, und bereits eine halbe Stunde nach Ende der Vorstellung hatte sich die Kunde bis in die Cafés auf den Champs-Élyssées verbreitet, denn dort saßen die Zeugen von Josephine Bakers Triumphzug bei ihren Drinks und berichteten voller Aufregung von der Vorstellung.«

Es war keine schlechte Leistung für ein knapp neunzehnjähriges Mädchen, das kaum lesen und schreiben konnte. Ihr bisheriges Leben in den Slums von St. Louis hatte wenig gemein mit dem Zauber, den sie auf der Bühne ausstrahlte. Jeden Winter mußte ihr Stiefvater die Wände der Einzimmerwohnung mit Zeitungspapier isolieren, um die bittere Kälte auszusperren, und Josephine durchsuchte mit ihren Geschwistern täglich die Mülltonnen nach Essensresten, aus denen man noch eine Suppe kochen konnte; sehr begehrt waren Hühnerköpfe. Trotz dieser desolaten Lebensumstände war Josephine Baker ein fröhliches, optimistisches Kind.

Davon ausgehend, daß alles nur noch besser werden konnte, schloß sie sich mit dreizehn Jahren einer schwarzen Varietétruppe an, die sich The Dixie Steppers nannte. Anfangs spielte sie Kinderrollen, später tanzte sie mit in der Truppe. Eine Zeit lang war sie dann Tänzerin im Plantation, einem gutbesuchten Nachtklub in Harlem, wo sie von der Revue Négre, einem schwarzen Ensemble, dessen nächster Auftritt in Paris stattfinden sollte, entdeckt und für eine unbedeutende Nebenrolle engagiert wurde.

Baker liebte Frankreich auf Anhieb und ließ sich für den Rest ihres Lebens dort nieder. Ihre Ankunft schildert sie in ihrer Autobiographie *Ausgerechnet Bananen*: »Wir waren ein staunendes, fassungsloses Grüppchen, bis auf Sidney (Bechet, den berühmten Klarinettisten) und den Tänzer Louis Douglas, der schon einmal in Paris aufgetreten war. Mrs. Caroline und ihre Sekretärin steuerten den Speisewagen an. Wir kannten es aus Amerika, daß man uns sagte, der Speisewagen sei voll, wenn sich Weiße darin aufhielten. Hier wurden wir mit einem Lächeln empfangen. ›So ist es überall hier‹, sagte Douglas, ›nicht nur in Gaststätten. Wenn man will, kann man die besten Plätze im Theater bekommen.‹«

Die triumphale Premiere der *Revue Nègre* veränderte Josephines Leben von Grund auf: von einem Augenblick auf den anderen war sie berühmt geworden und wurde entsprechend umschwärmt. Jedes Detail ihres Lebens wurde von der Presse begierig aufgegriffen, die französischen Frauen erkoren sie zum modischen Vorbild, und wenn sie auf die Straße ging, war sie sofort von der jubelnden Menge umgeben. Als das Engagement der Revue Nègre beendet war und das Ensemble weiterzog, blieb Josephine in Paris, wurde die Hauptattraktion der Folies-Bergères und somit noch berühmter. Manchmal war sie es leid, ständig Mittelpunkt des öffentlichen Interesses zu sein; sie kam sich, wie sie selbst einmal sagte, vor wie ein verkleidetes Zirkusäffchen. Wenn ihr alles zuviel wurde, verbarrikadierte sie sich in ihrer Garderobe und weigerte sich trotz ständigen Klopfens, die Tür aufzuschließen, was bei einer Gelegenheit zu folgender amüsanter Begebenheit führte:

Josephine Baker, 1925

»Der Nachtwächter hatte mich nirgendwo gesehen. Man überlegte sich, ob ich vielleicht krank in meiner Garderobe läge. Der Inspizient raste los, um sich von der Feuerwehr einen Dietrich zu besorgen. Als es ihnen schließlich gelang, die Türe zu öffnen, saß ich splitternackt im Zimmer und verspeiste in aller Ruhe einen Hummer. Wozu die ganze Hektik? *Mein* Kostüm war doch schnell angezogen.«

Josephines kometenhafter Aufstieg nahm kein Ende. Sie wurde von den Modedesignern Patou und Poiret kostenlos eingekleidet, entwickelte eine Vorliebe für Champagner, trug goldfarbenen Nagellack, führte ihr Haustier, den Leoparden Chiquita, übers Kopfsteinpflaster spazieren und trug dabei gelegentlich ein zweites Haustier, eine Schlange, um den Hals, und sie fuhr einen teuren, mit Schlangenhaut gepolsterten Delage, den ihr ein reicher junger Verehrer geschenkt hatte. Verehrer hatte sie sowieso Dutzende, unter anderem einen Ungar, der sich schließlich aus Liebeskummer erschoß. Wie A. E. Hotchner in der Biographie *Papa Hemingway und seine Welt* zu berichten weiß, hypnotisierte Josephine sogar zähe Burschen wie Hemingway mit ihrem Charme:

»Im Souterrain eines dieser Gebäude (berichtete Hemingway) war der beste Nachtklub der Welt untergebracht: Le Jockey. Dort hatten sie das beste Orchester, die besten Getränke, wundervolle Gäste und die schönsten Frauen. Eines Abends ... traf ich dort die umwerfendste Frau, die je ein Mensch erblickt hat - und je erblicken wird. Sie war groß, hatte kaffeebraune Haut, Augen wie aus Ebenholz, paradiesische Beine und ein Lächeln, das die Erinnerung an jedes andere Lächeln verblassen ließ. Obwohl es ein sehr heißer Abend war, trug sie einen schwarzen Pelzmantel, der wie Seide über ihre Brüste glitt ... ich konnte mir sofort alles vorstellen, was darunter verborgen lag. Ich machte mich bekannt und fragte sie nach ihrem Namen. ›Josephine Baker‹, erwiderte sie. Wir tanzten den ganzen Abend ohne Pause, aber sie behielt die ganze Zeit den Pelzmantel an. Erst als der Laden dicht machte, verriet sie mir, daß sie darunter nichts anhatte.«

Wie sehr Baker ihre Wahlheimat liebte, bewies sie während des Zweiten Weltkrieges, indem sie sich der Résistance anschloß und unermüdlich die französischen und alliierten Truppen mit ihren Auftritten unterhielt und sich stark für Charles de Gaulle einsetzte.

Sie wurde von der französischen Luftwaffe zum Leutnant befördert, erhielt das Ehrenkreuz der französischen Résistance und das *croix de guerre*.

Darüber hinaus widmete sich Josephine Baker dem Kampf der schwarzen Amerikaner um Gleichberechtigung. Unter anderem investierte sie viel Zeit und Geld, um die NAACP zu unterstützen. Jahrelang weigerte sie sich, in die USA einzureisen und drückte damit ihren Protest gegen die Rassendiskriminierung aus. 1951 ließ sie sich schließlich zu einer US-Tournee überreden, trat aber nur in Clubs auf, die Schwarzen den Zutritt gestatteten. Trotzdem mußte sie Diskriminierungen erleben, auch in der Rolle des Opfers, beispielsweise als sie den Stork Club besuchen wollte. Sie war der erste schwarze Gast, dem man Einlaß gewährte. Aber es geschah äußerst widerwillig, und man weigerte sich strikt, sie zu bedienen. An jenem Abend weilte gerade ein junges Filmsternchen mit dem Namen Grace Kelly im Club, das zutiefst beeindruckt war von Bakers Courage und sich fragte, ob es selbst jemals fähig sein würde, solchen Mut aufzubringen.

Nachdem der Krieg vorbei war, adoptierte Baker zwölf Waisenkinder und nahm sie mit in ihr Château in der Dordogne. Sie nannte ihre Kinder »die Regenbogensippe«, aus dem einfachen Grund, daß sie aus aller Herren Länder kamen: aus Finnland, aus Korea, von der Elfenbeinküste, aus Algerien; es gab unter ihnen Buddhisten, Shintos, Moslems, Katholiken und Juden. Die Sippe sollte ein lebendes Vorbild für eine Brüderschaft der Menschheit darstellen. Besonders viel Geld besaß die Familie nicht, da Josephine es so schnell ausgab, wie sie es verdiente, aber dafür hielt sie fest zusammen, selbst als das Château wegen Verschuldung zwangsversteigert wurde. Josephine und ihre Sippe quetschten sich zusammen in eine Pariser Dreizimmerwohnung, bis jenes Sternchen, das damals so beeindruckt gewesen war und sich inzwischen in eine Fürstin verwandelt hatte, die Familie nach Monaco holte und ihr half, dort eine neue Existenz aufzubauen.

1975 veranstaltete die nunmehr achtundsechzigjährige Josephine Baker anläßlich ihres fünfzigsten Bühnenjubiläums eine Showgala im Pariser Bobino. Die Vorstellung war ausverkauft; unter den Gästen befanden sich Stars wie Sophia Loren, Fürstin Gracia, Alain Delon und Jeanne Moreau. Das Finale dauerte neun Minuten und erforderte vier verschiedene Kostüme, von denen eines prächtiger war als das andere; das letzte bestand aus einem glitzernden Gewand und einer meterhohen, mit Straß und Federn geschmückten Perücke. Baker war noch immer eine Schönheit und beherrschte nach wie vor ihr Metier. Das Publikum tobte vor Begeisterung, es gab einen Vorhang nach dem anderen. Als sie das Theater verließ, fiel die Menge förmlich über sie her, und anschließend nahm sie bis zum Morgengrauen an einem Gala-Diner teil, das man ihr zu Ehren veranstaltet hatte.

Aber Josephine Bakers Herz hielt der Anstrengung der monatelangen Proben, die dieser siegreichen Nacht vorangegangen waren, nicht länger stand: sie schlief ein und wachte nie wieder auf. Als ihre Sekretärin ins Schlafzimmer ging, um nachzusehen, warum sie nicht erschien, lag sie bereits tief im Koma. Zwei Tage später verstarb sie.

Menü für Josephine Baker

Gegrillter Hummer mit Sauce à la Maître d'Hôtel
Champagner

Gegrillter Hummer:

Dieses Rezept für gegrillten Hummer mit Sauce à la Maître d'Hôtel basiert auf einem Rezept des Restaurants Prunier, das ich im *Yellow Epicurean Guide* aus dem Jahre 1926 entdeckt habe. Prunier war das führende Fischrestaurant im Paris der zwanziger Jahre und wurde von den Amerikanern gerne besucht. Als Emile Prunier 1925 starb, verfaßte die in Paris lebende Janet Flanner einen Nachruf, der in ihrer Kolumne »Genêt« der Zeitschrift *New Yorker* erschien.

Bereiten Sie in einem großen Kochtopf eine Bouillon aus 3 Tassen Weißwein, 2 Tassen Wasser, einer großen, in Stücke geschnittenen Zwiebel, 2 Selleriestengeln, einer zerkleinerten Karotte, etwas Petersilie, 1 Lorbeerblatt, ¼ TL Thymian, 6 Pfefferkörnern und 1 TL Estragon. Bringen Sie die Bouillon zum Kochen und geben Sie 4 lebende, 1 Kilo schwere Hummer hinzu. Kochen Sie sie 15 bis 20 Minuten.

Brechen Sie die Hummer auf, spülen sie aus, entfernen die Innereien und die Sandbeutel, die sich in den Köpfen befinden, kratzen die Korallen ab und bestreichen die Hummer mit Butter. Passieren Sie die Leber und die Korallen durch ein feinmaschiges Sieb und heben Sie sie zur späteren Verwendung auf.

Zünden Sie auf einem Grill ein Kohlefeuer an, buttern die Hummer erneut ein und legen sie mit der geöffneten Seite nach oben auf den Rost, bis sie leicht angebräunt sind; wenden Sie sie um. Bestreichen Sie das Fleisch wieder mit Butter und lassen es ca. 5 Minuten weitergrillen. Geben Sie acht, daß die Hummer nicht zu heiß, sondern nur durchgewärmt sind. Bestreichen Sie sie kurz vorm Auftragen mit noch etwas Butter und mit der Leber- und Korallenpaste und streuen Semmelbrösel darüber. Sie können die Hummer »ohne alles« servieren, oder, wenn sie wollen, mit ...

Sauce à la Maître d'Hôtel:

Lassen Sie ½ Tasse Butter in einem kleinen Topf zergehen, rühren ½ Tasse Mehl darunter und lassen die Schwitze bei niedriger Flamme 2 bis 3 Minuten köcheln. Geben Sie 3 Tassen Hühnerbrühe, ½ TL Salz, 2 TL getrocknete Senfkörner und ¼ TL weißen Pfeffer unter ständigem Rühren hinzu. Lassen Sie die Soße weiterköcheln, bis sie eine zähflüssige Konsistenz angenommen und zu einer Menge, die zwei Tassen entspricht, zusammengekocht ist. Rühren Sie ½ Tasse Wasser ein und, sobald die Soße wieder heiß ist, ½ Tasse Butter. Schmecken Sie das Ganze mit dem Saft von 1 Zitrone und mit etwas frischgehackter Petersilie und Estragon ab. Heiß servieren.

Zum Champagner finden Sie einige Vorschläge auf Seite 191.

Constantin Brancusi: Die weiße Bildhauerwerkstatt

✷

»Man sollte keine Party bei Brancusi versäumen«, pflegte Margaret Anderson zu sagen, und die wenigsten haben ihr widersprechen können. Anscheinend hatte fast jeder Amerikaner, der sich in Paris aufhielt, das anonym wirkende Außenportal in der Impasse Ronsin passiert, um die schneeweiße Werkstatt des Bildhauers zu betreten. Wenn man einmal da war, wußte man nie, was als nächstes geschehen würde, aber eines war sicher, nämlich, daß man mit gutem Wein, hervorragendem Essen und wunderbaren Gesprächen rechnen konnte.

Constantin Brancusi, Sohn einer rumänischen Bauernfamilie, kam 1903 im Alter von 27 Jahren nach Paris, wo er die École des Beaux-Arts besuchte. Bereits 1907 war er dabei, jenen vereinfachten, naiven Stil zu entwickeln, den er Zeit seines Lebens beibehalten sollte.* Er wurde in Amerika sehr bekannt; 1913 wurden fünf seiner Arbeiten auf der Armory Show ausgestellt, ein Jahr später ermöglichte ihm Alfred Stieglitz eine Einzelausstellung in der New Yorker Gallery of Photo-Secession, und 1921 widmeten Margaret Anderson und Jane Heap eine komplette Ausgabe der *Little Review* den Werken Brancusis. 1926 ging sein Name groß durch die Presse: seine Skulptur, *Vogel im Raum*, war von amerikanischen Zollbeamten konfisziert worden. Da es, wie sie aussagten, keine »erkennbare

* Brancusi gilt auch heute noch als bedeutender Künstler. Im Mai 1990 wurde seine vergoldete Bronzeskulptur, *Blonde Negerin*, für 8,8 Mio Dollar verkauft, der absolute Höchstpreis, der bislang für eine Skulptur des zwanzigsten Jahrhunderts erzielt wurde.

Ähnlichkeit« vorwies, waren sie nicht bereit, es als Kunstwerk zollfrei importieren zu lassen. Es folgte ein Verfahren, das ebenfalls Schlagzeilen machte und bei dem das Hohe Gericht urteilte, *Vogel im Raum* sei tatsächlich ein Kunstwerk. Inzwischen war Brancusi als erster innovativer Bildhauer seiner Generation zu weltweitem Ruhm gelangt.

Trotz seines Ruhmes bewahrte sich Brancusi dieselbe Schlichtheit, die seine Werke auszeichnet. Er fühlte sich stets mit seiner ländlichen Herkunft verbunden, trug sein Leben lang Holzschuhe, dazu meist Overalls, und besonders stolz war er auf seinen langen weißen Bart. Nachdem er den Tag in seiner Werkstatt verbracht hatte, verlebte er den Feierabend am liebsten zu Hause im Kreis seiner Freunde. »Moi, je déteste les restaurants«, pflegte er zu sagen. »Je mange chez moi, je visite le boucher le matin et j'achète les bifsteaks par le mètre. (Ich verabscheue Restaurants. Ich esse zu Hause. Ich gehe morgens zum Metzger und kaufe mir meine Steaks vom laufenden Meter.)«

Die Schilderungen der Person Brancusis weichen sehr voneinander ab und enthüllen mehr über die Schreibenden selbst als über den Bildhauer.

Margaret Anderson schreibt:

»Constantin Brancusi lebt in einer Bildhauerwerkstatt ... Seine Haare und sein Bart sind weiß, sein langer Handwerkerkittel ist weiß, seine steinernen Bänke und seine großen, runden Tische sind weiß, der Marmorstaub, der überall liegt, ist weiß, sein *Vogel im Raum* aus weißem Marmor steht auf einem hohen Sockel am Fenster, auf dem weißen Tisch steht immer eine weiße Magnolie. Früher hatte er auch einen weißen Hund und einen weißen Hahn. Auf den steinernen Bänken liegen zwei Kissen, wovon das eine gelb und das andere kirschrot ist ...

Er holt seine Violine und spielt mit dem Temperament eines Rumänen und dem Lächeln eines Kindes Volkslieder und singt dazu mit leiser, schüchterner lachender Stimme und tanzt mit seinen schweren Holzschuhen. Er holt eine kleine Trommel, überredet Duchamp, sie zu schlagen und vollführt einen wilden Tanz auf dem Steinboden. Léger stützt den Kopf in die eine Hand, während er mit der anderen auf dem steinernen Tisch den Takt klopft ... Inzwischen ist es sieben Uhr morgens, und er hatte alle in den Bois entführt. Er schlägt vor, mit einem Boot die Seine hinunter bis Rouen zu fahren, aber niemand hat Lust dazu, also geht man stattdessen zu Les Halles, um Zwiebelsuppe zu essen.«

Kay Boyle schreibt:

»In der folgenden Woche ging ich alleine hin, aß mit Brancusi draußen unterm Baum zu Mittag; es gab Würste, Käse, Feigen und Rotwein. Danach half ich ihm, entlang der Außenmauer des Ateliers Bohnen und Salat zu säen.«

Caresse Crosby schreibt:

»Mein erstes Mittagessen zu zweit mit (Brancusi) war ein unvergeßliches Erlebnis. Er legte als Tischdecke ein Stück Seidenpapier über seinen Arbeitstisch und beschwerte es in der Mitte mit einem seiner Schätze aus ziseliertem Marmor. Über dem Feuer röstete er gerade ein üppiges Hühnchen und riesige Kartoffeln. Wir tranken Rosé aus dem Midi und aßen zum Nachtisch Erdbeermarmelade und Sahneherzen. Er war völlig entzückend; das Hühnchen tranchierte er mit einem Steinmetzmesser. Er war ganz in weißes Leinen gekleidet und ich in schwarzen Samt. Wir zogen beide am Gabelbein, aber ich weiß nicht mehr, wer von uns beiden den Wunsch bekam.«*

William Carlos Williams schreibt:

»... war wieder bei Brancusi eingeladen, dieses Mal zum Abendessen. Brancusi, der rumänische Schafhirte, setzte uns seine berühmten Steaks vor; wir redeten, ganz Paris redete und redete. Um uns herum standen seine Objekte aus Holz und Stein, wie Schafe, die sich aus dem Chaos einer unstrukturierten, noch zu formenden Masse herausgezwängt haben - die Welt eines Hirten mit ihren Steinen und Bäumen umgab uns und wurde vom schwach flackernden Licht über uns umspielt.«

Man Ray schreibt:

»Als ich zum ersten Mal die Werkstatt des Bildhauers Brancusi besuchte, machte sie auf mich einen stärkeren Eindruck als jede Kathedrale. Die Helligkeit und das viele Weiß überwältigten mich

* Amerikanischer Brauch: Man macht eine Art Tauziehen mit dem Gabelbein, bis es durchbricht. Meist wird es vorher kurz in Essig eingeweicht, damit es biegsam wird. Wer das längere Knochenstück bekommt, darf sich etwas wünschen. Anm. d. Übers.

förmlich ... hier lag ein roh behauenes Stück Eichenholz, dort stand eine polierte, goldfarben leuchtende schwungvolle Form auf einem Podest ... Ein massiver, weißer zylinderförmiger Klotz mit einem Durchmesser von etwa zwei Metern diente als Tisch; um ihn herum waren als Sitzgelegenheiten ausgehöhlte Baumstämme gruppiert. Darauf lagen ein paar kleine Kissen, um das Ganze gemütlicher zu gestalten.«

Nina Hamnett schreibt:

»Er hatte aus Bronze einen wunderschönen Vogel geschaffen. Er stand in einer Ecke des Ateliers und war auf Hochglanz poliert. Der einzige Tisch im Raum war aus weißem Gips, ein massiver, runder Klumpen von ca. einem Meter Durchmesser. Er lud mich zum Essen ein ... Wenn man mit ihm speiste, mußte man es schaffen, gleichzeitig zu essen und zu trinken. Er hatte wundervollen Burgunder, und vor dem Essen gab es noch Aperitifs. Im Laufe des Abends fiel man allmählich in eine Art Koma, da die Steaks in der Tat am laufenden Meter kredenzt wurden und der Pommard ziemlich hochprozentig war.«

Robert McAlmon schreibt:

»Brancusi, der rumänische Bauer mit dem patriarchalischen Bart und den sanften, gütigen Augen, hatte sich kürzlich ein Grammophon und ein paar Schallplatten zugelegt. Brancusi war den Amerikanern und allem, was aus Amerika kam, sehr zugetan, und nun hüpfte er mit seinen Holzschuhen umher wie der Fleisch gewordene Geist des Jazz-Zeitalters. Léger, Heyworth und Cendrars trampelten und johlten dazu.«

Kirsch
Kaltes Bohnenpüree à la Denis mit Knoblauchvinaigrette
Gegrillte Steaks
Tomaten- und Sardellensalat
Sahneherzen
Obstschale
Wein

Kirsch:

Kirsch ist ein hochprozentiger Schnaps aus reifen, gegorenen Wildkirschen. Der beste Kirsch kommt aus dem französischen Elsaß, aber es gibt auch hervorragende Sorten aus der Schwarzwaldregion. Man bietet ihn in kleinen, zierlichen Gläsern an.

Kaltes Bohnenpüree à la Denis:

Der französische Schriftsteller Pierre Roché schwärmt in seinem Tagebuch von Brancusis unübertrefflichem Bohnenpüree.

Weichen Sie 1 Tasse kleine weiße Bohnen über Nacht in 4 Tassen Wasser ein. Kochen Sie sie am nächsten Tag ab, bis sie zart sind, pürieren sie und geben das Püree in eine Schüssel. Zerkleinern Sie 2 Scheiben hausbackenes Weißbrot, weichen Sie die Stücke in Milch ein, drücken Sie die überschüssige Milch aus und geben das Brot zum Bohnenpüree in die Schüssel. Würzen Sie mit ½ TL Salz und etwas gemahlenem Pfeffer nach. Das Püree wird mit Knoblauchvinaigrette übergossen und auf einzelnen Tellern serviert.

Knoblauchvinaigrette:

Schneiden Sie 2 Knoblauchzehen in sehr kleine Würfel und verrühren sie mit ½ bis 1 Dijonsenf und 1 EL Rotweinessig. Schlagen Sie mit einer Gabel nach und nach 3 EL hochwertiges Olivenöl hinein und würzen die Soße mit Salz und Pfeffer.

Gegrillte Steaks:

Verwenden Sie dicke Lenden- oder Porterhouse-Steaks, ½ Pfund pro Person. Tupfen Sie die Steaks mit einem Papierhandtuch ab und legen sie auf den Grill, 5 bis 7 cm über die glimmenden Kohlen. Grillen Sie das Fleisch von einer Seite, wenden es, salzen und pfeffern die angebratene Seite und lassen die Steaks weitere 5 bis 10 Minuten auf dem Grill, bis sie durch sind. Legen Sie die fertigen Steaks auf eine vorgewärmte Servierplatte, würzen mit Salz und Pfeffer nach und schneiden die Fleischstücke diagonal durch.

Tomaten- und Sardellensalat:

Pro Person verwenden Sie eine reife Freilandtomate, die Sie in Scheiben schneiden, entkernen, auf einer Servierplatte auslegen und mit Salz, Pfeffer und frischem Basilikum bestreuen. In die Mitte der Platte legen Sie pro Person 2 Sardellenfilets. Garnieren Sie den Salat mit kleinen Niçoise-Oliven und gießen Sie hochwertiges Olivenöl und Balsam- oder Rotweinessig darüber.

Sahneherzen:

Die Sahneherzen, die Caresse Crosby in ihrem Bericht erwähnt, sind dieselben, von denen Langston Hughes spricht. Das Rezept finden Sie auf Seite 125.

Obstschale:

In Frankreich bietet man als Nachspeise gerne Obstschalen an, zusammen mit einer Käseplatte. Legen Sie so viele Obstsorten, wie Sie ergattern können, in eine hübsche Schale, stellen sie mitten auf den Tisch und versorgen jeden Gast mit einem kleinen Teller und einem Obstmesser.

Wein:

Entscheiden Sie sich für einen Burgunder, beispielsweise einen Chambertin oder Côte de Nuits, oder für einen Wein aus Brancusis Heimat, Rumänien. Rumänischer Wein hat eine uralte Tradition; er wurde bereits in der Antike von den Griechen in Amphoren abgefüllt und überallhin verkauft. Der Geschmack ist kühn und herzhaft, die Qualität hervorragend und der Preis günstig.

Ernest Hemingway und F. Scott Fitzgerald: Auswärts speisen

Die Freundschaft stand von Anfang an auf wackligen Füßen, da die beiden Männer so wenig gemeinsam hatten. Scott Fitzgerald studierte in Princeton und gehörte dort zur feinen Gesellschaft, während Hemingway noch kein College von innen gesehen hatte. Fitzgerald war während der Kriegsjahre auf verschiedenen militärischen Stützpunkten in seiner Heimat gewesen, aber niemals an der Front, wohingegen Hemingway als Sanitäter mitten im Geschehen gewesen und sogar verwundet worden war. Fitzgerald war klein, Hemingway groß, Fitzgerald blond, mit klassischen, fast hübsch zu nennenden Gesichtszügen, Hemingway dunkel und robust. Fitzgerald hatte bezüglich seiner Männlichkeit nicht besonders viel Selbstvertrauen, während sich Hemingway als zäher Bursche darstellte, als Frauen- und Kriegsheld, sowie als Sport-As. In Paris verbrachten Fitzgerald und seine Frau Zelda die meiste Zeit am »rechten« Seineufer in der Gesellschaft reicher Amerikaner; Hemingway, Hadley und ihr kleiner Sohn Bumbly lebten an der Rive gauche und waren fast mittellos. Fitzgerald war ein Partylöwe und dem Alkohol sehr zugetan. Hemingway hingegen führte ein diszipliniertes Leben, stand jeden Morgen pünktlich um sechs Uhr auf und absolvierte langsam und stetig sein tägliches Arbeitspensum.

Als sie einander begegneten, war Fitzgerald gerade auf dem Gipfel seiner Schriftstellerkarriere angelangt. Er hatte bereits zwei Bände mit Kurzgeschichten, ein Theaterstück und drei Romane verfaßt. Der dritte, *Der Große Gatsby*, war erst kürzlich erschienen und hatte durchweg gute Kritiken bekommen. Hemingway hatte seinerseits nur zwei schmale Bände mit Kurzgeschichten vorzuweisen und war bislang nur einem kleinen Insiderkreis, bestehend aus Schriftstellerkollegen und einer Handvoll Kritikern, bekannt. Knapp vier Jahre später vertauschten sich die Positionen: Fitzgerald war nicht mehr gefragt, während Hemingway mit seinen beiden Romanen *Fiesta* und *In einem andern Land* einen kometenhaften Aufstieg erlebte.

Trotz all dieser Unterschiede und trotz des Fehlstarts an jenem Abend Ende April 1925 im Dingo, als sie sich zum ersten Mal begegneten, entwickelte sich eine Freundschaft. Hemingway berichtet, wie er sich gerade mit Bekannten unterhielt, als sich ein teils markanter, teils mädchenhaft-hübscher Mann dazugesellte, sich bekannt machte und begeistert von Hemingways Arbeit sprach. Damit beging er einen Fehler, denn innerhalb Hemingways männlichem Ehrenkodex grenzte es an beleidigendes Verhalten, jemanden so unverblümt zu loben. Fitzgerald bestellte eine Flasche Champagner, dann noch eine, und nach der zweiten war er völlig betrunken, so daß ihn der fassungslose und leicht angewiderte Hemingway ins nächste Taxi setzen mußte.

Ein paar Tage später trafen sie sich zufällig in der Closerie des Lilas. Anfangs war Hemingway noch auf der Hut, aber als Fitzgerald nach zwei Whiskeysoda noch immer nüchtern war, atmete er auf und fing an, sich zu entspannen. Sie diskutierten ernsthaft über ihre Arbeit, dann erzählte Fitzgerald, daß er und Zelda auf der Rückfahrt von Lyon aufgrund eines Unwetters gezwungen gewesen waren, ihr Auto stehenzulassen. Er bat Hemingway, ihn mit dem Zug nach Lyon zu begleiten, um den Wagen zu holen. Hemingway war von der Idee begeistert: es war später Frühling, das schönste Reisewetter und unterwegs würde er reichlich Zeit haben, sich mit seinem Kollegen auszutauschen, der so viel erfolgreicher war als er selbst, und einiges dazuzulernen. Die Vorbehalte, die Hemingway nach der ersten Begegnung gehabt hatte, waren inzwischen wie weggeblasen, da sich Fitzgerald nur noch vernünftig und freundlich gezeigt hatte. Also willigte er ein, mit nach Lyon zu fahren.

Eigentlich sollte Fitzgerald die Fahrkarten besorgen, aber er tauchte nicht rechtzeitig am Gare de Lyon auf, also kaufte sich Hemingway selbst eine, stieg gerade noch rechtzeitig in den Zug und fuhr schon einmal vor. In Lyon nahm er sich ein Hotelzimmer und schickte Fitzgerald ein Telegramm. Dieser traf am nächsten Tag zerknirscht und verkatert ein; sie versöhnten sich und zogen los, um das Auto zu holen.

Als sie in der Garage ankamen, stellte Hemingway voller Erstaunen fest, daß Zelda das Dach des Wagens hatte entfernen lassen. Sie hasse es, eingesperrt zu sein, erläuterte Fitzgerald, als ob die Beschädigung des Autos damit hinreichend begründet sei. Die beiden Männer fuhren mit dem offenen Wagen los, aber nach einer Stunde mußten sie die Fahrt unterbrechen, weil es zu regnen anfing. Im Laufe des Tages mußten sie alles in allem zehnmal Rast machen. Während der Fahrt, und auch während der Pausen, die sie unter den Platanen verbrachten, die die Straße säumten, tranken sie weißen Mâcon, und bald war Fitzgerald wieder einmal betrunken.

Schließlich waren sie vom Regen so durchnäßt, daß sie in ein Hotel gingen, in ihre Schlafanzüge schlüpften und ihre Straßenkleider zum Trocknen ans Feuer hängten. Fitzgerald, ein ausgemachter Hypochonder, redete sich ein, daß er sich eine tödliche Lungenentzündung zugezogen habe, verkroch sich wehleidig ins Bett und trank heißen Zitronensaft mit Whiskey. Er sorgte sich darum, was wohl aus Zelda und der Tochter Scotty werden solle, wenn er das Zeitliche segnete. Und dann erzählte er Hemingway bis ins persönlichste Detail von Zeldas Affäre mit einem französischen Piloten. Hemingway widerten derartige Vertraulichkeiten an, und er bedauerte, sich überhaupt auf den gemeinsamen Ausflug eingelassen zu haben.

Inzwischen waren die Kleider trocken, und Fitzgerald hatte sich hinreichend erholt, um mit Hemingway einer Meinung zu sein, daß etwas Eßbares am besten dazu angetan sei, ihn wieder auf die Beine zu bringen, also zogen sie sich an und gingen nach unten, wo Fitzgerald um die Herstellung einer Telefonverbindung nach Paris zu Zelda bat. Während sie darauf warteten, nahmen sie schon einmal im Speisesaal Platz. Fitzgerald fühlte sich noch immer nicht wohl, brachte es aber immerhin zustande, Schnecken und eine Karaffe Weißwein zu bestellen. Inzwischen war sein Anruf durchgestellt; er telefonierte ungefähr eine Stunde mit Zelda, und Hemingway aß währenddessen seine Schnecken auf.

Endlich kehrte Fitzgerald zurück an den Tisch und bestellte Huhn. In *Paris - Ein Fest fürs Leben* schildert Hemingway den weiteren Verlauf der Mahlzeit:

»Wir hatten schon zu Mittag kaltes Huhn gegessen, aber da wir uns nun einmal in einer Gegend befanden, die für ihre Hühnergerichte berühmt ist, bestellten wir jetzt poularde de Bresse und dazu eine Flasche Montagny, einen leichten, angenehmen Weißwein aus einem nahegelegenen Anbaugebiet. Scott aß sehr wenig und trank nicht mehr als ein Glas Wein. Dann ließ er den Kopf in die Hände sinken und wurde ohnmächtig. Es war echt und wirkte überhaupt nicht theatralisch, sondern eher so, als würde er dabei achtgeben, nichts umzukippen.«

Ein paar Tage, nachdem sie nach Paris zurückgekehrt waren, schenkte Fitzgerald Hemingway eine Ausgabe seines soeben erschienenen Romans, *Der Große Gatsby*. Da er Fitzgerald inzwischen gründlich satt hatte, begab sich Hemingway äußerst widerwillig an die Lektüre, konnte sich aber dem Zauber, der von ihr ausging, nicht lange entziehen. Wenn Fitzgerald solch ein großartiger Roman gelingt, dachte er, wäre es ihm auch zuzutrauen, einen noch wundervolleren zu Papier zu bringen. Hemingway nahm sich fest vor, ab sofort alles Erdenkliche zu tun, um Fitzgerald zu helfen und ihm ein guter Freund zu sein, ganz gleich, welche Verrücktheiten er sich noch leisten würde.

Und so wurde die Freundschaft, so instabil und zögernd sie auch sein mochte, fortgeführt.

Menü für Ernest Hemingway und F. Scott Fitzgerald

Schnecken nach Burgunder Art
Sautiertes Huhn mit Morcheln
Wein

Schnecken nach Burgunder Art:

Hemingway und Fitzgerald waren von Lyon aus gen Norden gefahren, so daß sich ihr Hotel mit Sicherheit irgendwo in Burgund befand und die Schnecken, die sie dort verspeisten, höchstwahrscheinlich auf die in jener Region übliche Art zubereitet wurden.

1. Schritt: Besorgen Sie pro Person 12 lebende Schnecken. In Asialäden und europäischen Delikatessengeschäften gibt es sie zu kaufen. Sie finden sie auch in jedem Garten, aber Gartenschnecken müssen vor dem Verzehr zwei Wochen in einem Drahtkäfig gehalten und täglich mit frischem Salat und Wasser versorgt werden. Bei den gekauften ist dies nicht notwendig.

2. Schritt: Schrubben Sie die Schnecken behutsam, aber gründlich ab. Weichen Sie sie 48 Stunden in einem geschlossenen Topf voll Wasser ein, dem Sie je ½ Tasse Essig und Salz beimischen. Tauschen Sie die Flüssigkeit mindestens alle 24 Stunden aus.

3. Schritt: Gießen Sie die Schnecken ab und geben sie in einen Topf kochendheißer Bouillon aus je ½ Tasse Fischbrühe und trockenem Weißwein, 1 Streifen Orangenschale, 1 TL Fenchelkörnern, 1 EL Salz und etwas gemahlenem Pfeffer. Die Flüssigkeit sollte pro Dutzend Schnecken 2 Tassen betragen. Lassen Sie sie 45 Minuten bei niedriger Hitze kochen und dann samt Inhalt auskühlen. Entfernen Sie die Schnecken, lassen sie gut abtropfen und entfernen sie mit einer Austerngabel oder einem Messer mit dünner Klinge aus ihrem Gehäuse. Stellen Sie die Schnecken und die Schalen zur späteren Verwendung beiseite.

4. Schritt: Bereiten Sie eine Soße zu, indem Sie folgende Zutaten in eine Schüssel geben und gut verrühren: 3 Stück ungesalzene, auf Zimmertemperatur gebrachte Butter, 4 zerkleinerte Schalotten, 3 große, zerstampfte Knoblauchzehen, 1 EL Petersilie, 1 ½ TL Salz und ein wenig Pfeffer. Lassen Sie die Soße bei Zimmertemperatur etwa 1 Stunde ziehen, damit sich die verschiedenen Aromen vermischen.

5. Schritt: Geben Sie in jedes Gehäuse ein wenig Schneckenbutter, legen die Schnecke hinein und geben noch mehr Butter hinzu. Legen Sie die Schnecken mit der offenen Seite nach oben in eine flache, hitzebeständige Schale und backen sie bei 190 Grad 5 bis 7 Minuten, bis die Flüssigkeit im Inneren der Gehäuse anfängt zu sprudeln. Sofort auftragen.

Sautiertes Huhn mit Morcheln:

Die Hühner aus Bresse sind angeblich die besten; seit Jahrhunderten werden sie von Kochbuchautoren besungen. Kaufen Sie also für dieses Gericht das beste Huhn, das Sie bekommen können, vorzugsweise ein freilaufendes.

Das Huhn sollte etwa 5 Pfund wiegen. Zerlegen Sie es, wobei Sie das Bruststück in Hälften schneiden. Spülen und trocknen Sie die Teile ab, panieren sie mit gewürztem Mehl und lassen sie 10 Minuten ziehen. Lassen Sie 3 bis 4 EL Butter in der Pfanne zergehen und braten darin das Geflügel bei niedriger Hitze an; halten Sie die Pfanne halb verschlossen.

Während das Huhn brät, putzen Sie sorgfältig 1 Pfund wilde, frische bzw. 90 Gramm getrocknete Morcheln. Getrocknete müssen von Sandkörnern befreit und in heißes Wasser und Weinbrand eingeweicht werden; wenn Sie frische verwenden, genügt es, mit einer weichen Bürste den Sand zu entfernen. Lassen Sie in einem kleinen Topf 2 ½ TL Butter zergehen und geben 1 ½ TL Zitronensaft, ½ TL Salz und ¼ Tasse Wasser hinzu, das Sie zum köcheln bringen. Stellen Sie auf niedrigste Stufe, geben die Morcheln in den Topf und lassen, unter gelegentlichem Umrühren, das Wasser beinahe - aber nicht ganz - verkochen.

Wenn das Huhn fast gar ist, nehmen Sie es vorübergehend aus der Pfanne, halten es aber warm. Geben Sie je 1 EL kleingehackte

Schalotten und Knoblauch in die Pfanne und sautieren sie bei mittlerer Hitze. Nehmen Sie die Pfanne vom Herd, geben 1 TL Mehl hinein und rühren gut um. Nun geben Sie die Morcheln, zusammen mit der Soße, 3 EL Hühnerbrühe oder Wasser und ¼ Tasse Tomatenmark hinzu, rühren um und lassen das Ganze bei niedriger Hitze 5 Minuten köcheln. Geben Sie ½ TL Salz, etwas Pfeffer und 1 EL kleingehackte Petersilie und zuletzt die Hühnerteile in die Pfanne und lassen das Gericht weitere 10 Minuten köcheln. Legen Sie die Hühnerteile auf eine Servierplatte, gießen die Morchelsoße darüber und streuen frischgehackte Petersilie obendrauf.

Zum Wein:

Fleury wird oft als Königin der Beaujolaisweine bezeichnet. Der Geschmack ist schwer, aber fruchtig. Bieten Sie den Fleury in einer schlichten Glaskaraffe an, wie die, die man Hemingway und Fitzgerald vorsetzte.

Montagny, den Hemingway als leichten, angenehmen Wein anpreist, ist zu diesem Menü auch zu empfehlen.

Bricktop und Cole Porter: Haschee und Wein

Bricktops gleichnamiges Lokal war im jazzbegeisterten Paris der zwanziger Jahre Anziehungspunkt für Berühmtheiten wie Cole Porter und Noël Coward, für die Künstlerclique vom Montparnasse, für jeden durchreisenden amerikanischen Musiker und für Franzosen, die gerne Ragtime hörten. Es war ein Ort zum Trinken, Scherzen, ein Treffpunkt, wo man spontane Musiksessions abhielt oder einfach herumhing und die verqualmte, intime Atmosphäre genoß, die nicht zuletzt auf die gemütliche Inneneinrichtung zurückzuführen war, mit den gepolsterten Türen, den mit Banquette bezogenen Wänden, den an Prohibitionszeiten erinnernden Gucklöchern und der beleuchteten gläsernen Tanzfläche.

Die Inhaberin Bricktop war charmant und anmutig, aber auch überaus zäh und energisch. In *Being Geniuses Together* berichtet Robert McAlmon, wie er eines Abends fassungsloser Zeuge von Bricktops Vielseitigkeit wurde: Sie machte die abendliche Abrechnung, gab dabei lebhaft das Lied *Love for Sale* zum besten, hinderte gleichzeitig eine erzürnte französische Schauspielerin daran, ihrem Freund Champagner ins Gesicht zu kippen und überredete einen betrunkenen Franzosen, seine Getränke zu bezahlen. Währenddessen brach offenbar unter dem Küchenpersonal ein heftiger Streit aus, woraufhin Bricktop »... vom Barhocker sprang, noch immer singend durch den Raum schwebte, den Vorhang beiseite zog und kurz ihren Gesang unterbrach, um nach hinten zu rufen: ›Hey, ihr da! Wenn ihr euch kloppen wollt, dann geht nach draußen. Das ist hier ein anständiger Laden!‹ Dann fuhr sie fort zu singen, kehrte an ihr Pult zurück und rechnete weiter.«

Bricktop war eine hellhäutige Schwarze mit Sommersprossen und rotgoldenen Haaren, denen sie ihren Spitznamen verdankte. Sie war 1924 nach Paris gekommen, um als Sängerin und Tänzerin im Grand Duc aufzutreten.*

Sie eröffnete bald einen Club, die Music Box. Als er bankrott machte, trat sie wieder als Sängerin auf, aber schon im darauffolgenden Jahr war sie entschlossen, im Nachtclubbetrieb einen zweiten Anlauf zu wagen. Inzwischen hatte sie sich mit Cole Porter angefreundet, der ihr sagte, der Name ihres letzten Clubs habe zu fade geklungen. Als sie ihn fragte, was er als neuen Namen vorschlage, schien er überrascht und sagte, als ob es die ganze Zeit auf der Hand gelegen hätte: »Bricktops«.

Der neue Club hatte die längsten Öffnungszeiten von ganz Paris. Man konnte bei Bricktops noch um vier, fünf Uhr morgens Whisky, Champagner und etwas zu Essen bekommen, nette Leute treffen und gute Musik hören. Noël Coward spielte dort öfters Klavier, Jascha Heifetz lieh sich einmal von der Jazzgruppe eine Violine und gab einen einstündigen musikalischen Vortrag, und einige denkwürdige Jamsessions von Sidney Bechet und Louis Armstrong gingen erst bei Tagesanbruch zu Ende. Zu Bricktops Gästen gehörten Scott und Zelda Fitzgerald, Hemingway (den sie nicht leiden konnte), der Prinz von Wales, Robert McAlmon, Kay Boyle, Man Ray, Josephine Baker, der Aga Khan, Duke Ellington, Franklin Roosevelt junior, Gloria Swanson, Fred Astaire, T. S. Elliot, Fats Waller, Mabel Mercer und Alberta Hunter.

Cole Porter, der inzwischen zu Bricktops engsten Freunden gehörte, führte sie in Kreise ein, die ihrem Club zum Erfolg verhalfen. Kurz nach ihrer ersten Begegnung 1925 bat Porter Brick, dem Aga Khan den Charleston beizubringen, der in Amerika sehr beliebt, in Frankreich aber noch so gut wie unbekannt war. Die Tanzstunden erwiesen sich als so lohnend, daß Porter sie bald fragte, ob sie nicht den Prinzen von Wales den Black Bottom lehren wolle.

In ihrer Autobiographie erzählt Bricktop, wie sie Porter in ihrem ersten Lokal, der Music Box, kennenlernte:

* Zur selben Zeit arbeitete Langston Hughes dort als Tellerwäscher. Bemerkenswerterweise erwähnt keiner den anderen in seiner Autobiographie.

»Eines Morgens, im späten Herbst oder frühen Winter des Jahres 1925 kam ein schmächtiger, tadellos gekleideter Mann herein, nahm an einem der Tische Platz und bestellte Cornedbeef-Haschee mit einem verlorenen Ei und dazu eine Flasche Wein. Wir haben zwischen drei und sechs Uhr morgens geöffnet, nachdem die anderen Lokale schon alle dichtgemacht haben, so daß in dieser Zeit eine Menge Gäste hereinkommen. Wir haben zu dieser Tageszeit nur drei Speisen auf der Karte stehen: Cornedbeef-Haschee mit pochiertem Ei, Geflügelsalat auf Toast und Clubsandwiches, aber sie werden, wie das bei uns so üblich ist, zuvorkommend serviert.

Ich trug ein Lied vor und merkte dabei, daß der Mann ungewöhnlich interessiert zuschaute und hinhörte. Er applaudierte, ich verbeugte mich und kehrte dann zurück an meinen gewohnten Platz am Eingang. Der Mann hatte zu Ende gegessen und schickte sich jetzt an zu gehen. In diesem Augenblick kam gerade Buddy Gilmore herein, der Schlagzeuger, der zusammen mit Vernon und Irene Castle nach Paris gekommen war und mittlerweile eine eigene Gruppe hatte. Er hielt den Fremden an und fiel ihm um den Hals. ›Wer war denn das?‹, fragte ich Buddy.

›Das war Cole Porter‹, sagte er.

›Ach, du lieber Gott!‹, sagte ich, ›und ich habe gerade eines seiner Lieder vorgesungen!‹«

Cornedbeef-Haschee mit pochiertem Ei

Cornedbeef-Haschee:

Frei nach einem Rezept Edith Whartons, aus dem 1936 erschienenen Kochbuch, *A Medley of Recipes*. Wharton, die Verfasserin berühmter amerikanischer Romane wie *Die Schlittenfahrt*, *Zeit der Unschuld* und *Das Haus der Freude*, lebte in den zwanziger Jahren in Frankreich, hatte aber so gut wie keinen Kontakt zu Angehörigen der jüngeren Generation, von denen dieses Buch handelt. Einmal ließ sie sich allerdings mit Scott Fitzgerald auf ein heftiges Wortgefecht ein und ging als Siegerin daraus hervor.

Sie können konserviertes oder frisches Cornedbeef verwenden. Zerkleinern Sie das Fleisch und vermischen es mit derselben Menge Zutaten, bestehend aus kleingeschnittenen Kartoffeln, je einer kleinen, gewürfelten Zwiebel und Tomate und einer Prise Salz und Pfeffer. Erhitzen Sie die Zutaten in einer Bratpfanne mit etwas Butter, geben das Haschee hinzu und braten es gut durch. Sollte die Masse zu trocken sein, können Sie Fleischbrühe oder Wasser dazugeben. Drücken Sie das Haschee platt, schlagen es einmal um, so wie Sie es bei einem Omelett tun würden. Während das Haschee brät, bereiten Sie das Ei zu.

Pochiertes Ei:

Bringen Sie einen guten Liter Wasser zum Kochen, geben 1 EL Essig hinzu, stellen auf mittlere Hitze, so daß das Wasser gerade noch köchelt und schlagen ein Ei hinein, wobei Sie achtgeben, daß es ganz bleibt. Pochieren Sie das Ei, bis das Eiweiß fest wird, also 3 bis 4 Minuten. Holen Sie es mit einem Schöpflöffel heraus und legen es auf ein Handtuch zum Trocknen. Legen Sie dann das Ei auf das fertige Haschee und würzen mit Salz und Pfeffer nach.

F. Scott Fitzgerald und Sara Murphy: Am Strand

Im Sommer des Jahres 1925 war Cap d'Antibes, jener wunderschöne Ort an der französischen Mittelmeerküste, noch von bezaubernder Schlichtheit geprägt. Die telefonische Verbindung war über Mittag unterbrochen, während das Fräulein vom Amt zu Tisch ging, und nachts war das Fernmeldeamt geschlossen. Der etwa eineinhalb Kilometer lange, goldene Sandstrand war so gut wie menschenleer; darüber hinaus hatte der Ort eine recht mittelmäßige Bar, ein kleines Café, ein Hotel und ein Kino zu bieten, in dem einmal wöchentlich ein alter Film vorgeführt wurde. Im Sommer 1925 war das Hotel größtenteils mit Freunden Gerald und Sara Murphys, die in der Nähe in der Villa America residierten, bevölkert.

Scott und Zelda Fitzgerald verbrachten jenen Sommer auch in Antibes, hatten aber mit der ihnen eigenen Extravaganz eine Villa gemietet. Scott wurde durch den fröhlichen Trubel häufig von seiner Arbeit abgelenkt, aber seine Kreativität scheint nicht gelitten zu haben, denn ungefähr um diese Zeit beendete er seinen vierten Roman *Zärtlich ist die Nacht*, sein vielleicht bestes Werk.*

Zärtlich ist die Nacht handelt von einem reichen amerikanischen Ehepaar, Dick und Nicole Diver, die an der Riviera eine Villa bewohnen, die der der Murphys in vielerlei Hinsicht ähnelt. Überhaupt haben die Divers mit den Murphys vieles gemein: ihren Lebensstil, ihren Freundeskreis, ihren Kleidungsstil, ihre Art zu reden, zu lachen, zu speisen, zu feiern. Fitzgerald machte keinen

* Viele der dort geschilderten Ereignisse werden von Zelda in *Schenk mir den Walzer* aus ihrer Sicht erzählt.

Hehl daraus, daß Gerald und Sara als lebende Vorbilder für die Hauptfiguren seines Romans dienten; als er das Buch plante, »studierte« er sie unverhohlen, analysierte ihr Wesen auf eine Weise, die zuweilen etwas Grausames hatte. Auf halbem Weg machen die Figuren allerdings eine Kehrtwende, indem sie immer weniger Sara und Gerald, dafür zunehmend Zelda und Scott gleichen. Diese Uneinheitlichkeit der Charaktere ist die Schwachstelle des Romans, die aber angesichts der Lebendigkeit, der Tiefgründigkeit und der Menschlichkeit, die aus diesen Seiten spricht, in den Hintergrund tritt.

Außer den Murphys bot der Sommer 1925 Fitzgerald noch manch anderes Thema, das er aufgreifen und in seinem Roman verwenden konnte. Das wichtigste war wohl Zeldas Affäre mit dem französischen Piloten Edouard Jozanne; sie machte sich wenig Mühe, sie geheimzuhalten. In *Zärtlich ist die Nacht* tritt Jozanne als Nicole Divers waghalsiger Geliebter Tommy Barban auf.

Noch eine Episode, die das wahre Leben schrieb, war Zeldas Selbstmord- bzw. Mordversuch. Eines Abends fuhren die Fitzgeralds die Grande Corniche entlang. Die Straße führte entlang der steilen Klippen, an deren Fuß das Mittelmeer seine Wellen schlug. Zelda griff Scott ins Lenkrad und versuchte, den Wagen auf die Klippen zuzusteuern, und erst im letzten Moment gelang es Scott, die Kontrolle über den Wagen wiederzuerlangen und somit sich und Zelda vor dem sicheren Tod zu bewahren. In *Zärtlich ist die Nacht* versucht Nicole, sich und Dick auf dieselbe Art ums Leben zu bringen.

Zu den weniger bedeutenden Ereignissen, die Fitzgerald in seinem Roman wiedergibt, gehört ein Fest in der Villa America, die Vorlage für die Party der Divers. Einer der Gäste, der Engländer Sir Charles Mendl, wird im Roman als Homosexueller namens Campion beschrieben, und Geralds Angewohnheit, mit einem gestreiften Seemannspullover bekleidet am Strand Seetang zu sammeln, wird von Dick Diver im ersten Kapitel von *Zärtlich ist die Nacht* nachgestellt.

Und dann war da noch das Thema Sara, bzw. Nicole. »Ich habe Dich in *Zärtlich ist die Nacht* wieder und wieder verwendet«, schrieb Fitzgerald Jahre später an Sara Murphy. »Es ging mir nicht darum, *Dich* darzustellen, sondern die Wirkung, die Du auf Männer hast -

den Widerhall, die Erschütterungen -, womit ich dem, was Du als lebender Mensch zu geben hast, alles andere als gerecht wurde.«

Es war ein offenes Geheimnis, daß Fitzgerald in Sara verknallt war. In ihrer Gegenwart wurde er meist sehr verhalten, und oft konnte er es sich nicht verkneifen, sie wie ein verliebter Pennäler anzuhimmeln. In *Zärtlich ist die Nacht* wird Sara Murphy in Gestalt von Nicole Diver bis ins kleinste Detail naturgetreu geschildert. Auch die lange Perlenkette, die Sara ständig trug, wird erwähnt. Jene Perlenkette, die Sara sogar am Strand nicht abnahm, sondern nach hinten warf und über den Rücken baumeln ließ, mit der Begründung, die Sonne tue den Perlen gut, wurde ihr Markenzeichen. Picasso, der mit den Murphys befreundet war, zeigte sich derart von dieser lässigen Geste fasziniert, daß er in der nächsten Zeit mehrere Bilder malte von Frauen am Strand mit Perlenketten auf dem Rücken. Fitzgerald charakterisiert Sara/Nicole in *Zärtlich ist die Nacht* folgendermaßen:

»Nicole Diver, den Rücken voller Perlen, suchte in einem Kochbuch das Rezept für Huhn à la Maryland. Rosemary schätzte sie auf ungefähr vierundzwanzig - ihr Gesicht war eigentlich durchschnittlich hübsch, besaß aber die besondere Eigenschaft, so zu wirken, als sei es ursprünglich anders konzipiert worden: mit kräftiger Struktur und lebhaften Farben, als ob die Züge und der Teint, die man mit Temperament und Charakter assoziiert, im Stil Rodins gehauen und dann bis zur Hübschheit abgeschliffen worden wären, bis zu jenem Punkt, wo der kleinste Ausrutscher jenen Eindruck von Kraft und Stil irreversibel vernichtet hätte. Beim Mund war der Bildhauer das größte Risiko eingegangen - er war herzförmig wie die, die man täglich auf den Titelseiten der Modezeitschriften sieht, aber dennoch einzigartig.«

Menü für Scott Fitzgerald und Sara Murphy

Huhn à la Maryland
Tomaten à la provençale
Frischer Mais

Die Tomaten und Maiskolben sind in diesem Menü enthalten, weil John Dos Passos einmal schrieb:

»Zu Saras Lieblingsspeisen gehörte Golden Bantam Mais, vom Kolben entfernt und mit Paprika bestreut, sowie in Olivenöl und Knoblauch gebratene Gartentomaten. Manchmal spüre ich, wenn ich Maiskolben esse, noch den Geschmack aus jenen Tagen auf der Zunge, vermischt mit dem Cassis und der salzigen Mittelmeerbrise, und vor meinen Augen erscheint das blaue Leuchten eines mediterranen Mittags.«

Huhn à la Maryland:

... war in den zwanziger Jahren ein beliebtes Gericht. Laut Janet Flanner war es Natalie Barneys Leibgericht. Dieses Menü ist frei nach einem der Rezepte in der 1930 erschienenen Ausgabe des Kochbuchs *The Joy of Cooking* erstellt.

Zerlegen Sie ein 3 ½ Pfund schweres Huhn, panieren die Teile mit Milch und Mehl, würzen sie mit Salz und Pfeffer und lassen die Panade 30 Minuten trocknen. Erhitzen Sie in einer schweren Pfanne 3 EL pflanzliches Öl und braten das Huhn von allen Seiten gut an. Geben Sie 1 Tasse Wasser und je ¼ TL Kreuzkümmel und Salbei hinzu, bringen das Wasser zum Kochen, stellen dann auf mittlere Hitze. Lassen Sie das Ganze in verschlossenem Topf 45 Minuten garen, nehmen dann den Deckel ab und lassen bei niedriger Hitze die gesamte Flüssigkeit verdampfen.

Tomaten à la provençale:

Halbieren Sie 4 große Tomaten, entfernen die Kerne und bestreuen sie mit Pfeffer und Salz. Geben Sie sie mit der Schnittstelle nach unten in eine Pfanne, in der Sie 3 EL Olivenöl erhitzt haben. Sautieren Sie die Tomaten ca. 5 Minuten bzw. bis die Flüssigkeit verdunstet ist. Wenden Sie sie um, sautieren sie weitere 2 Minuten und geben sie, mit der Schnittstelle wieder nach oben, in eine Auflaufform.

Sautieren Sie nun 2 große, kleingehackte Knoblauchzehen in 2 EL Olivenöl, bis die Masse leicht angebräunt ist. Verteilen Sie sie über die Tomaten und stellen sie 3 bis 4 Minuten in den Grill, bis sie oben geröstet sind.

Frischer Mais:

Entfernen Sie mit einem Messer die Körner von 4 Maiskolben. Am besten stellen Sie dabei die Kolben aufrecht in einen großen Topf, der die Maiskörner und den Saft direkt auffängt. Wenn Sie die Körner entfernt haben, streichen Sie mit der stumpfen Seite der Messerklinge über den Kolben, um den restlichen Saft herauszupressen.

Lassen Sie den Mais 2 bis 3 Minuten im eigenen Saft köcheln und geben dann ½ EL Butter, eine Tasse Sahne und eine Prise Salz und weißen Pfeffer hinzu. Lassen Sie den Mais weitere 1 bis 2 Minuten kochen, geben ihn in eine vorgewärmte Schüssel und streuen etwas Paprika darüber.

1926

In den Vereinigten Staaten:

... lehnt Sinclair Lewis den Pulitzerpreis ab ... gibt Martha Graham in New York ihr Debüt als Tänzerin und Choreographin ... erscheint Hemingways *Fiesta*, sowie Hart Cranes *Weiße Bauten*, Langston Hughes' *The Weary Blues* und Janet Flanners *The Cubical City* ...

In Paris:

... steht der Franc 50 zu 1 zum U.S. Dollar, so daß ein dreigängiges Menü in Paris für umgerechnet 20 Cents zu bekommen ist ... Im Kunstbereich wird wiederum mit inflationären Beträgen gehandelt: Rousseaus *Schlafende Zigeunerin*, das er für 400 Francs verkauft hatte, erzielt auf einer Auktion bei Drouet den Verkaufspreis von einer halben Million Francs ... Im Laufe der Sommermonate transportieren 109 Passagierschiffe Touristen von New York nach Le Havre und Cherbourg ... Isadora Duncan kommt nach Paris ... Gertrude Stein und Natalie Barney begegnen sich zum ersten Mal, obwohl beide bereits seit der Jahrhundertwende in Paris leben ... H. D.s *Palimpsest* erscheint ... Virgil Thomson komponiert seine *Sonata da Chiesta* ... Bricktops feiert seine Eröffnung ... Claude Monet stirbt in Giverny ...

Isadora Duncan: Genug Kaviar?

Seit ihrer Pubertät stand Isadora Duncan mit der selbstgefälligen Prüderie des neunzehnten Jahrhunderts auf Kriegsfuß. Ihr erster schockierender Bühnenauftritt in einem fließenden griechischen Gewand, halbnackt, barfuß und ohne Korsett, bewirkte, daß das Modediktat der walfischknochenverstärkten Mieder und Unterröcke für immer verschwand. Bereits zu Beginn ihrer Karriere wurde sie von der Kirche dafür verurteilt, daß sie auf der Bühne ihre nackten Beine zur Schau stellte; in Boston wurde sie von der Bühne gewiesen, weil sie barbusig erschien. Sie war Anhängerin der freien Liebe und weigerte sich zu heiraten, bis sie mit über vierzig einen siebzehn Jahre jüngeren geisteskranken russischen Dichter ehelichte. Die Vielmännerei war bei Isadora nicht nur Theorie, sondern auch Praxis: jedes ihrer drei Kinder hatte einen anderen Vater.*

Im Laufe ihres Lebens adoptierte und unterstützte sie noch viele Kinder. Ihre politische Gesinnung war die einer Liberalen. Sie ergriff immer Partei für die Unterdrückten und befürwortete die Revolutionen der Russen, Spanier und Griechen.

Nichts an Isadora war bescheiden. Sie schien ganz aus Großzügigkeit zu bestehen: ihr Tanz, ihre Gestik, ihre Sprache, ihre Affären, ihr politisches Engagement, alles war üppig und überschwenglich. Dafür fehlte ihr vollkommen der Sinn fürs Praktische. Eines Tages gab sie in New York ihre letzten zweitausend Dollar

* Zwei ihrer Kinder kamen bei einem Autounfall ums Leben; diese Tragödie hat Isadora Duncan nie ganz verwunden. Das dritte Kind starb bei der Geburt.

für Blumen aus und konnte am nächsten Tag die Schiffsreise zurück nach Europa nicht bezahlen. Bei einer anderen Gelegenheit gab sie eine Party, die in Paris begann, in Venedig fortgesetzt wurde und schließlich auf einem Hausboot auf dem Nil endete. Sogar wenn sie völlig pleite war, ließ sie es sich nicht nehmen, jeden Abend den teuersten Champagner zu trinken.

Eine Zeitlang war Isadora mit Sicherheit die berühmteste Frau der Welt. Ganz gleich, wo sie auftrat, ob in Tokio, Buenos Aires, Moskau oder Warschau, überall brach das Publikum vor lauter Verehrung in Tränen aus. Wenn sie ein Lokal betrat, verstummte sofort die Musik und die Konversation, die Blicke der Gäste, Musiker und Kellner verfolgten sie auf Schritt und Tritt. Millionäre und Prinzen lagen ihr zu Füßen, Rodin folgte ihr quer durch Europa, um sie zu zeichnen, Emile-Antoine Bourdelle nahm sie zum Vorbild für seine Fresken im Théâtre des Champs-Élysées. Ihr Freundeskreis setzte sich aus Megastars zusammen: Sarah Bernhardt, Eleanora Duse, Leon Bakst, Anatole France und Ellen Terry, deren Sohn, der Bühnenbildner Gordon Craig, übrigens der Vater von Isadoras erstem Kind war.

Anfang der zwanziger Jahre folgte Isadora Duncan einer Einladung der russischen Regierung, nach Moskau zu ziehen und dort eine Tanzschule zu leiten. Drei Jahre später kehrte sie mit ihrem neuen Ehemann Serge Esenin nach Europa zurück, desillusioniert durch das Klassensystem, das sich im kommunistischen Rußland herausgebildet hatte. Die Ehe war von Anfang an dadurch belastet, daß keiner die Sprache des anderen beherrschte. Dann kam noch hinzu, daß beide sehr viel tranken; es kam zu gewalttätigen Auseinandersetzungen und peinlichen Szenen in der Öffentlichkeit. Schließlich kehrte Serge nach Rußland zurück, wo er sich zwei Jahre später erhängte.

Isadora ließ sich 1926 in Paris nieder. Obwohl sie in ihrem Leben schon mehr als ein Vermögen verdient und wieder verplempert hatte, war sie inzwischen so gut wie mittellos und mußte sich mit einer billigen Wohnung auf dem Montparnasse begnügen, quer gegenüber vom Dingo und direkt um die Ecke vom Rotonde, vom Dôme und vom Select. Jimmie the Barman war gerade in der Parnasse Bar im Erdgeschoß von Isadoras Wohnhaus angestellt, so daß sie einander fast täglich über den Weg liefen. Er lobte ihr

Trinkverhalten, die Tatsache, daß sie viel trinken konnte, ohne aus der Rolle zu fallen. Eigentlich bekam sie nur gute Laune, wenn sie trank, sagte er.

Isadora gab oft Parties, zu denen fast jeder eingeladen war. Es kamen Politiker, Musiker, Maler, Kommunisten, Journalisten und Prominente. Zu fortgeschrittener Stunde pflegte sie für ihre Gäste barfuß zu tanzen, meistens begleitete sie der berühmte Pianist Victor Seroff auf dem Klavier. Inzwischen war sie Ende vierzig und bewegte sich nicht mehr ganz so schwerelos, aber sie besaß noch genügend Grazie, um den zweiundzwanzigjährigen William Shirer zu verzaubern. Im ersten Band seiner Autobiographie, *20th Century Journey: The Start,* schreibt er:

»Irgendwann nach Mitternacht hielten alle in ihren Gesprächen inne und hörten auf zu trinken. Der junge russische Pianist setzte sich ans Klavier und Isadora tanzte. Ich saß auf dem Boden und sah gebannt zu. Noch nie zuvor hatte ich solch natürliche, anmutige, rhythmische Bewegungen gesehen. Sie schienen in völliger Harmonie einem inneren Feuer zu entströmen ... sie tanzte noch immer wundervoll. Der letzte Tanz war immer die Carmagnole, Isadoras Tribut an die Französische Revolution. Sie schwebte durch den Saal, und ihr knallroter Schal wehte hinter ihr her, jener Schal, der sie am Ende töten würde.«

Duncan war anderen gegenüber immer großzügig gewesen, und nun, da sie nichts mehr zu geben hatte, wurde sie von ihren Anhängern so gut wie möglich unterstützt. Irgendwie war immer jemand zur rechten Zeit zur Stelle, um Isadoras Rechnung im Café zu zahlen, sie zu einem Ausflug gen Süden einzuladen oder zu einem teuren Essen bei Prunier. Zu ihren Wohltätern gehörte die Dichterin und Stückeschreiberin Mercedes de Acosta,* die in *Here Lies the Heart* schreibt:

»Eines Tages beklagte sie (Isadora) sich scherzhaft, sie bekomme nie genug Kaviar, Erdbeeren, Spargel und Champagner spendiert. Diese vier Dinge liebe sie am meisten. Also lud ich sie ein paar Tage später zu mir nach Hause ein. Mitten auf den Tisch stellte ich sieben große Berge Spargel, bereits gekocht und mit reichlich Kaviar garniert. Drum herum stand ein stattliches Aufgebot an Flaschen, die

* De Acosta war angeblich mit Greta Garbo liiert.

alle den besten Champagner enthielten, und auf jeder Ecke des Tisches standen Schalen frischgepflückter Erdbeeren. Die übrigen Spargel, Erdbeeren, Kaviar und Champagner hatte ich auf alle freien Stellflächen des Raumes verteilt. Isadora war hingerissen. Als sie ging, gab ich ihr alles mit, was vom Festessen übriggeblieben war.«

Es war von Isadora beinahe zu erwarten gewesen, daß sie ebenso dramatisch starb, wie sie gelebt hatte. Während eines Aufenthaltes an der Riviera überredete sie einen Autohändler, sie eine Probefahrt mit einem tiefgelegten Rennwagen von Bugatti machen zu lassen, den sie sich niemals hätte leisten können. Ihre Freunde standen um den Wagen herum, während Isadora auf dem Beifahrersitz Platz nahm. Es war Frühherbst und abends schon ein wenig kühl, Isadora hatte ihren langen roten Schal dabei, den sie sich nun um den Hals wickelte und nach hinten warf. Es fiel niemandem auf, daß das Auto keine Radkappen besaß und daß die Hinterräder schulterhoch waren.

»Adieu, mes amis«, rief Isadora. »Je vais à la gloire!«

Der Chauffeur gab Gas, der mächtige Motor heulte auf, und der Wagen machte einen Satz nach vorne. Die Fransen von Isadoras Schal verfingen sich in den Speichen und zerrten sie nach hinten. Isadora brach sich das Genick; sie war auf der Stelle tot.

Menü für Isadora Duncan

Kaviar
Kalter Spargel mit Sauce Ravigote
Erdbeeren
Champagner

Dieses Mahl wird schlicht gehalten. Es ist ein kaltes Buffet, für das Sie kein Besteck brauchen, außer einen Kaviarlöffel.

Kalter Spargel:

Nehmen Sie pro Person 10 dicke bzw. 20 dünne Spargel. Spargel muß nur dann geschält werden, wenn er dicker ist als ein Bleistift. Halten Sie den Spargel fest in der Hand, setzen unterhalb der Spitze ein kleines Messer oder einen Schäler an und schaben damit die äußere Haut ab. Zum Ende hin wird die Haut dicker, und das Ende selbst ist häufig hart und holzig; in diesem Fall wird es entfernt. Waschen Sie die geschälten Spargel mit kaltem Wasser ab, teilen sie in ca. 10 cm hohe Häufchen auf, die Sie mit Bindfaden zusammenschnüren.

Nehmen Sie einen Topf, der so hoch ist, daß Sie die Spargel senkrecht darin aufstellen können, geben Wasser und etwas Salz hinein und bringen das Wasser zum Kochen. Geben Sie die Spargel hinzu, stellen auf mittlere Hitze und berechnen eine Garzeit von 5 bis 10 Minuten, je nachdem, wie dick die Spargel sind. Wenn sich die Enden mit einem spitzen Messer mühelos durchbohren lassen, sind die Spargel fertig. Schrecken Sie sie umgehend mit kaltem Wasser ab, um sie zu kühlen und um die schöne grüne Farbe zu erhalten. Legen Sie sie anschließend auf ein Handtuch, wo sie abtropfen und weiterhin auskühlen können. Legen Sie die Spargel auf eine Servierplatte und bieten dazu Sauce Ravigote an.

Sauce Ravigote:

Bereiten Sie eine Sauce Vinaigrette zu (siehe Seite 180) und ergänzen sie um die folgenden Zutaten: 2 flache TL zerkleinerte Kapern, 1 TL gehackte Schalotten und 2 TL kleingeschnittene, frische Petersilie.

Erdbeeren:

Isadora hat bestimmt *fraises de bois,* jene kleinen Wilderdbeeren gegessen, die man auf den französischen Märkten kaufen kann. In den USA sind sie allerdings nicht so leicht zu bekommen. Wenn Sie nicht gerade am Waldrand leben und wilde Erdbeersträucher vor der Haustür haben, werden Sie sich mit dem, was der Markt zu bieten hat, begnügen müssen. Kaufen Sie also die kleinsten, reifsten Erdbeeren, die Sie auftreiben können, spülen sie mit kaltem Wasser ab und legen sie zum Abtropfen auf Papierhandtücher. Entfernen Sie ja nicht die Stengel! Geben Sie die Beeren in eine hübsche Schüssel und stellen eine kleine Schale braunen Zucker dazu.

Champagner und Kaviar:

Ratschläge zum Einkauf und zum Anbieten des Champagners und des Kaviars finden Sie auf den Seiten 190 und 191.

Ernest Hemingway II: Abendessen im Rendezvous-des-Mariniers

Hemingways erster Roman *Fiesta* zählt zu den berühmtesten Schlüsselromanen aller Zeiten. Als das Buch im Jahre 1926 erschien, wurden seine ziemlich tragischen Charaktere (deren Gegenstücke im wahren Leben unschwer zu erkennen waren und die noch bis Ende der zwanziger Jahre genau jene Bars unsicher machten, die im Roman genannt werden) zu Legenden. Man hat diese Menschen seitdem derart mit Hemingway assoziiert, daß es heutzutage kaum möglich ist, eine Hemingway-Biographie zu entdecken, die sich nicht mit seinem Verhältnis zu Harold Loeb befaßt, der in dem Roman als Robert Cohn erscheint, und die keine Photographie der androgynen Schönheit Duff Twysden (Lady Brett) enthält. Obwohl er zu seiner Zeit ein bekannter Humorist war, erinnert man sich in der Hauptsache deshalb an Donald Ogden Stewart, weil er, zusammen mit Hemingways Jugendfreund Bill Smith, Pate stand für die Romanfigur Bill Gorton, einen der wenigen sympathischen Charaktere in *Fiesta.*

Es erübrigt sich wohl zu betonen, daß der Roman auf dem Montparnasse, der Heimat des Autors und seiner Figuren, großes Aufsehen erregte. Janet Flanner schrieb in einer ihrer vierzehntägig erscheinenden Kolumnen im *New Yorker*, daß das Erscheinen des Buches selbst jene Bewohner des Montparnasse schockiert hatte, die sonst durch nichts aus der Ruhe zu bringen waren, besonders die, die mühelos mit den Hauptfiguren zu identifizieren waren:

»Die adlige britische declassée und ihre schottische Freundin, die Amerikanerin Frances und ihr unglücklicher Robert Cohn mit seiner Kunstzeitschrift ... alle diese Personen ... trifft man tatsächlich im Select, wo Hemingway sie auftreten läßt.«

Nicht alle waren begeistert. Hemingway erzählte Jahre später A. E. Hotchner, daß er am Tag nach Erscheinen des Romans »erfuhr, daß Harold Loeb, der Vorbild für die Romanfigur Robert Cohn war, verkündet hat, daß er mich sofort umbringen würde, wenn ich ihm über den Weg laufe.« In seinen Memoiren schildert Jimmie the Barman den Zorn der im Roman vorkommenden Personen. Der ganze Montparnasse, schreibt er, amüsierte sich über »sechs Charaktere auf der Suche nach einem Autor ... mit einem Gewehr bewaffnet!«

Aber nicht nur die Charaktere des Romans sind »wie im wahren Leben«; Hemingway hat das gesamte Paris der zwanziger Jahre auf diese Seiten gebannt: die Bars und Bistros, die Tanzschuppen und Straßencafés, die Spaziergänge am Quai, die Drinks im Hotel Crillon, die Taxis auf dem Boulevard Raspail, die Kastanienblüte im Jardin de Luxembourg. Und ein denkwürdiges Abendessen in einem einfachen Hotelrestaurant auf der Ile St. Louis, dem Rendezvous-des-Mariniers - vielleicht das bedeutsamste Mahl des ganzen Jahrzehnts.

Lange bevor Hemingway darüber schrieb, war das Rendezvous mit dem verzinkten Tresen, den kleinen Tischen mit Marmorplatten, dem Blick auf die schönen alten Häuser entlang des Quai und der freundlichen Wirtin, Madame Le Comte, ein Stammlokal der Literatenszene. Dos Passos bewohnte dort 1919 ein Zimmer, während er an der Sorbonne studierte und sich mit seinem ersten Roman befaßte. Sherwood Anderson speiste anläßlich seines ersten Parisbesuches im Jahre 1921 im Rendezvous, und Harry Crosby erwähnt das Lokal des öfteren in seiner Autobiographie. Nebenan, in einem uralten Gewölbe, das früher ein Weinkeller gewesen war, verlegte Ford Madox Ford die *Transatlantic Review*, und Hemingway, der ihm ehrenamtlich assistierte, hockte oft am Quai und las Korrektur. Im selben Gebäude waren die Verlage von William Bird und Robert McAlmon untergebracht, die Three Mountains Press und Contact Editions. Dadurch wurde das Rendezvous mit seinem ausgezeichneten Essen und seinen mäßigen Preisen zum beliebten Treffpunkt für Schriftsteller und Lektoren.*

* Und für Musiker: In seinen Memoiren schreibt Virgil Thomson, daß er regelmäßig im Rendezvous zu speisen pflegte.

Festessen in Paris auf dem Montparnasse am 1. März 1929.
3.v.l. ist Marie Vassilieff, im Vordergrund: Oscar Fabrès, de Witasse-Thezy, Tono Salazar und Kiki

Bis auf Trianons wird kein Lokal so häufig in Berichten amerikanischer Zeitgenossen erwähnt.

Das Rendezvous gibt es nicht mehr; schon lange steht ein anderes Lokal an seiner Stelle. Daß es noch nicht in Vergessenheit geraten ist, liegt hauptsächlich daran, daß Hemingway in *Fiesta* darüber schrieb: wie Jake Barnes (der teils mit Hemingway identisch ist) mit seinem Kumpel Bill Gorton bei Madame Le Comte ein gutes Essen genießt und anschließend einen Spaziergang rund um die Insel macht. Man kann noch heute, fünfundsiebzig Jahre später, beobachten, wie amerikanische Besucher, mit einer Ausgabe von *Fiesta* bewaffnet, die Spuren der beiden verfolgen.

»Wir aßen bei Madame Le Comte, deren Lokal am fernen Ende der Insel gelegen ist, zu Abend ... Bill hatte 1918, direkt nach dem Waffenstillstand, schon einmal dort gespeist, und Madame Le Comte war ganz aus dem Häuschen, ihn wiederzusehen.

Das Essen war gut; es gab Brathuhn, junge grüne Bohnen, Kartoffelbrei, Salat, Apfeltorte und Käse ...

Nach dem Kaffee und einem *fine* bekamen wir die Rechnung, wie in alten Zeiten mit Kreide auf eine Schiefertafel geschrieben, zahlten, verabschiedeten uns mit Handschlag und gingen raus.

Wir spazierten unter den Bäumen entlang, die auf der Richtung Quai d'Orléans gehenden Seite der Insel den Fluß säumen. Entlang des gegenüberliegenden Ufers standen die bröckelnden Grundmauern alter Häuser, die man abgerissen hatte ...

Wir gingen einmal um die Insel herum. Der Fluß war dunkel, und ein bateau-mouche glitt schnell und lautlos vorbei; man sah seine vielen Lichter, und dann war es schon unter der Brücke verschwunden. Flußabwärts ragte Notre Dame in den nächtlichen Himmel. Am Quai de Béthune führte eine hölzerne Fußgängerbrücke zum linken Seineufer hinüber. Wir blieben auf der Brücke stehen und blickten den Fluß hinab bis zu Notre Dame. Von der Brücke aus gesehen, sah die Insel dunkel aus, die Häuser reckten sich hoch in den Himmel und die Bäume waren nur noch Schatten.

›Es ist ganz schön eindrucksvoll‹, sagte Bill. ›Mein Gott, wie schön, wieder hier zu sein.‹«

Menü für Ernest Hemingway

Brathühnchen
Kartoffelbrei
Junge grüne Bohnen
Blattsalat
Apfeltorte und Käse
Kaffee
Fine

Brathühnchen:

Spülen und trocknen Sie ein 2 Kilo schweres Brathühnchen gründlich ab, würzen den Hohlraum mit Pfeffer und Salz und dressieren die Keulen und Flügel. Legen Sie das Huhn auf einen Rost in den Bräter mit der Brust nach oben. Geben Sie 1 TL Butter und etwas Salz auf die Haut, gießen ¼ Tasse Wasser in den Bräter und stellen ihn in den auf 200 Grad vorgeheizten Ofen. Wenden Sie das Huhn alle 15 Minuten und begießen es mit dem ausgetretenen Bratensaft. Wenn es leicht angebräunt ist, stellen Sie den Ofen auf 180 Grad und wenden und begießen den Braten weitere 1 ½ Stunden. Geben Sie, wenn nötig, Wasser hinzu, damit der Bratensaft nicht anbrennt. Stechen Sie dann einen Schenkel mit einer Gabel an. Wenn der heraustretende Saft klar ist, ist das Huhn durch. Geben Sie es auf eine vorgewärmte Platte und lassen es 10 Minuten ziehen, bevor Sie es auftragen.

Gießen Sie den Saft aus dem Bräter ab, bis 1 TL Flüssigkeit übrigbleibt. Rühren Sie 1 TL Mehl hinein und lassen das Ganze bei mittlerer Hitze 2 bis 3 Minuten köcheln. Geben Sie nach und nach 1 Tasse heißes Wasser hinzu, lösen beim Rühren den angekrusteten Bodensatz ab, lassen die Soße 3 bis 4 Minuten kochen, geben Salz, frischgemahlenen weißen Pfeffer und 1 TL Butter hinzu und bieten sie zum Hühnchen an.

Kartoffelbrei:

Schälen Sie 1 Kilo mittelgroße Kartoffeln und schneiden sie in Viertel. Geben Sie sie in einen großen Topf und kochen sie in reichlich Salzwasser weich. Gießen Sie das Wasser ab und pürieren Sie die Kartoffeln mit einer Kartoffelpresse oder einem Stampfer. Geben Sie das Püree zurück in den Topf und rühren es mit einem hölzernen Kochlöffel glatt. Geben Sie eine Prise Pfeffer und Salz, 3 EL Butter, und bei niedriger Hitze, ⅓ Tasse heißer Milch oder Sahne hinzu, damit das Püree die erwünschte kremige Konsistenz annimmt. Schlagen Sie es durch, bis es locker ist und tragen es in einer geschlossenen Schüssel sofort auf.

Junge grüne Bohnen:

Einige amerikanische Märkte führen haricots verts, die viel feiner sind als die normalen grünen Bohnen, die es in den USA gibt. Sollten keine haricots verts zu bekommen sein, kaufen Sie möglichst feine grüne Bohnen.

Putzen und waschen Sie 1 ½ Pfund frische, feste grüne Bohnen. Geben Sie sie, immer eine Handvoll, nach und nach in einen großen Topf mit kochendem, leicht gesalzenem Wasser. Lassen Sie das Wasser noch einmal aufkochen, stellen dann auf mittlere Hitze und lassen die Bohnen ca. 5 Minuten köcheln. Ob sie gar sind, stellen Sie am besten fest, indem Sie sie probieren. Sie sollten zart, aber bißfest sein. Gießen Sie sie ab, schwenken sie in 2 EL Butter und tragen sie auf.

Blattsalat:

Verwenden Sie eine oder mehrere Sorten Blattsalat. Die Blätter sollten ganz frisch und einwandfrei sein. Sie können beispielsweise Endivien, Brunnen- oder Kapuzinerkresse, Romana, Buttersalat, Ruccula, Löwenzahn, ein paar Blätter Radicchio und etwas kleingehackten Kerbel oder Schnittlauch verwenden. Waschen Sie den Salat in kaltem Wasser und trocknen ihn gründlich ab. Reißen Sie die Blätter in mundgerechte Stücke und lagern sie kühl. Schwenken Sie sie erst unmittelbar vorm Verzehr in Sauce Vinaigrette.

Sauce Vinaigrette:

Verrühren Sie folgende Zutaten in einer Schüssel: 1 EL Rotweinessig, 3 EL hochwertiges Olivenöl, ½ TL Dijonsenf. Schlagen Sie das Ganze mit einer Gabel oder einem Schneebesen 30 Sekunden gut durch und würzen mit Pfeffer und Salz nach.

Apfeltorte:

Apfeltorte mit Käse ist eine rein amerikanische Spezialität; es ist nahezu unmöglich, sie in Frankreich zu bekommen. Folglich haben Jake und Bill aller Wahrscheinlichkeit nach zuerst eine Käseplatte und anschließend Apfeltorte bekommen.

Der Teig ist derselbe wie bei den Himbeer- und Erdbeertörtchen, das im Kapitel über Natalie Barney auf Seite 103 aufgeführt ist. Er muß allerdings zu einer Höhe von 1 cm statt ½ cm ausgerollt werden. Verteilen Sie ihn gleichmäßig in einer leicht eingefetteten Backform und drücken den Rand mit den Zinken einer Gabel an. Schälen und zerschneiden Sie 8 feste Backäpfel (z.B. Boskop oder Golden Delicious) in 1 cm breite Scheiben. Geben Sie sie in eine Rührschüssel, mischen 1 EL Zitronensaft, 3 EL Zucker und 2 EL Calvados oder Weinbrand bei. Ordnen Sie die Scheiben kreisförmig einander überlappend in der Backform an, streuen etwas Zucker darüber und backen die Torte in dem auf 180 Grad vorgeheizten Ofen 25 bis 30 Minuten, bis sich die Kruste goldbraun verfärbt.

Fine:

»Fine« ist die Abkürzung für Grand Fine Champagne, einem hervorragenden Weinbrand aus den Erzeugnissen zweier erstklassiger Anbaugebiete Cognacs, Grande Champagne und Petite Champagne.

Tout le monde:
Überbackene Käseschnitten im Café Select

❋

Auf dem Montparnasse gab es in den zwanziger Jahren Dutzende von Cafés, aber die beliebtesten waren das Dôme, das Rotonde und das Select. Man brauchte nicht mehr tun, als quer über die Straße zu gehen, um Tempus und Modus seines Tagesablaufes radikal zu verändern. Im Dôme versammelten sich große, lärmende Gruppen, die die Tische zusammenschoben und sich draußen vor der Tür lautstark ausbreiteten. Das Rotonde, einstiger Treffpunkt der Exilbolschewisten, war eher auf stille, vertrauliche Gespräche eingestellt; hier konnte man lange, ernste Abhandlungen zum Untergang des Dadaismus vom Stapel lassen oder endlos darüber spekulieren, was mit Amerika eigentlich nicht stimmte.

Und was war mit dem Select? Nun, manche würden es als pittoresk bezeichnet haben, andere als schmuddelig, andere wiederum als verkommen. Der Schriftsteller Harold Stearns,* der zu den Dauerbewohnern des Select zählte, beschreibt es in *The Confessions of a Harvard Man* als »siedendes Tollhaus der betrunkenen, halbbetrunkenen, viertelbetrunkenen und stocknüchternen Irren«.

Die Inhaber des Cafés, die in Wirklichkeit Jalbert hießen, wurden von den Gästen nur als M. und Mme. Select bezeichnet. M. Select, ein gutmütiger Geselle mit einem gezwirbelten Schnurrbart, stand immer hinter dem Tresen. Über ihn liest man so gut wie

* Stearns stand Pate für die Figur des Harvey Stone in *Fiesta*. In Hemingways Schilderung befindet er sich draußen vorm Select; vor ihm stapeln sich die Deckel, die er bereits gemacht hat, und er versucht, die Passanten zu überreden, ihm weitere Drinks zu spendieren.

nichts. Die Memoiren aus jener Zeit befassen sich durchweg mit der ehrfurchtsgebietenden Hüterin der Kasse, Mme. Select. Mit großem Busen, fingerlosen Handschuhen und stirnrunzelnder, wachsamer Miene bewaffnet, schien sie einen Abend erst dann für gelungen zu halten, wenn er hitzige Auseinandersetzungen beinhaltete. Robert McAlmon beteuerte, daß Kampf für sie Lebenselixier war, und daß sie keinem einen Drink servierte, »der nicht bereit war, einen zackigen Streit anzuzetteln«.

Man sagte der zänkischen Mme. Select nach, sie sei ein Polizeispitzel gewesen, da sie beim geringsten Anlaß die Polizei ins Haus bestellte. Die denkwürdigste Situation dieser Art inszenierte Hart Crane. Eines Abends hatte Crane so viel Cutty Sark getrunken, daß er einen beachtlichen Stapel Deckel hatte. Schließlich forderte der Kellner ihn auf zu zahlen, worauf Crane erwiderte, er habe kein Geld. Mme. Select schaltete sich kreischend ein, und schon war die Schlacht in vollem Gange. Schließlich rief Mme. Select *les flics,* aber bevor sie eintrafen, gelang es Crane, schnell noch vier Kellner niederzuschlagen. Als dann ein einzelner Polizist das Lokal erstürmte, haute Crane ihm ebenfalls eine rein. Man holte Verstärkung, die Crane an den Füßen aus dem Café zerrte, wobei sein Kopf auf das Kopfsteinpflaster knallte. Er verbrachte die nächsten drei Wochen im Gefängnis.

Der hauptsächliche Grund, daß das Select so gut besucht war, war der, daß es die ganze Nacht hindurch geöffnet war. Ganz gleich, um wieviel Uhr man auf den Montparnasse zurückwankte, nachdem man in der Stadt einen losgemacht hatte, im Select durfte man zu jeder Stunde ein warmes Plätzchen, gute Kameraden und etwas zu trinken erwarten. Zu essen gab es auch, denn die Speisekarte war zwar alles andere als umfangreich, dafür aber immer verfügbar. Die Hauptattraktion waren überbackene Käseschnitten, die M. Select auf einem kleinen Öfchen hinterm Tresen zubereitete.

So manche überbackene Käseschnitte wurde an einem jener Abende genossen, die sich mit glücklichen Erinnerungen verbanden. John Glassco schildert seine erste Einladung in die vornehme Gesellschaft bei Mme. Hibou auf dem Montmartre. Er befindet sich nun, zusammen mit seinen Freunden Sidney Schooner und Graeme Taylor, wieder auf dem Heimweg:

»Wie glücklich und friedvoll ich mich fühlte! Schooner sah auf seine Uhr. ›Wir könnten es gerade noch schaffen, mit der Metro zurück ins Quartier zu fahren‹, sagte er. ›Was haltet ihr davon, im Select eine überbackene Käseschnitte essen zu gehen?‹«

Überbackene Käseschnitten lösten auch gelegentlich dramatische Situationen aus. Der kanadische Schriftsteller Morley Callaghan beschreibt in seinem Buch *That Summer in Paris,* wie er mit seiner Frau und mit Robert McAlmon eines Abends im Select ein paar Drinks nahm:

»McAlmon, den unsere Diskussion in Fahrt gebracht hatte und der außerdem allmählich einen sitzen hatte, wurde immer aufgeschlossener. Er bestellte sich noch einen Champagnercocktail sowie eine überbackene Käseschnitte. Als der Kellner sie brachte, probierte McAlmon einen Bissen, ließ seine Gabel fallen und sagte angewidert: ›Richten Sie Mme. Select aus, daß diese Käseschnitte nicht aus der Küche, sondern aus der Toilette stammt.‹ Der Kellner eilte los, um Mme. Select die Botschaft zu überbringen ... Bald sah man sie sich dem Tisch nähern. Bebend vor Zorn teilte sie McAlmon mit, sie habe die überbackene Käseschnitte eigenhändig zubereitet. McAlmon machte eine verächtliche Handbewegung und sagte ihr, daß sie ja dann wohl selbst wisse, woher die Schnitte stammte.«

Überbackene Käseschnitte:

Nach einem Rezept Charlie Chaplins, aus *Sincerely Yours: A Collection of Recipes of Well-Known Persons,* das im Jahre 1942 erschienen ist.

Verwenden Sie einen Kochtopf mit zwei Ebenen. Füllen Sie die untere mit Wasser, das Sie zum Kochen bringen. Geben Sie dann in die obere ½ Pfund geriebenen Cheddarkäse und ½ Tasse warmes Ale oder anderes Bier. Rühren Sie, sobald der Käse geschmolzen ist, 2 ½ TL Butter, 1 TL Worcestershiresoße, ¼ TL getrocknete Senfkörner und eine gute Prise Cayennepfeffer ein. Bringen Sie die Mischung bei niedriger Hitze zum Aufkochen, nehmen Sie sie vom Herd und verteilen sie auf dreieckig geschnittene, mit Butter bestrichene Toastscheiben.

1927

In den Vereinigten Staaten

... dirigiert George Antheil in New Yorku das *Ballet Mécanique*; das Publikum reagiert mit Feindseligkeit und Spott ... Hemingways *Männer ohne Frauen* erscheint.

In Paris

... trifft Alexander Calder ein; er trägt einen orange-gelb karierten Anzug, im Herbst verkauft er seine erste aus Draht gearbeitete Skulptur, die Josephine Baker darstellt ... Außerdem kommen nach Paris: Waverley Root, George Orwell, A. J. Liebling, John Glassco, Samuel Putnam und - zum zweiten Mal - William Carlos Williams ... Elliot Pauls und Eugène Jolas' Zeitschrift *Transition* erscheint zum ersten Mal ... Charles Lindbergh landet mit seinem Flieger, *Spirit of St. Louis,* am 21. Mai in Le Bourget bei Paris; er wird von 100 000 Franzosen und Exilamerikanern in Empfang genommen ... Isadora Duncan stirbt ... Kikis Kunstausstellung wird als die erfolgreichste des Jahres bezeichnet ... Als Reporter der *Paris Tribune* sind William Shirer und Waverley Root dabei, als das aufgebrachte Volk versucht, nach den Hinrichtungen von Sacco und Vanzetti die amerikanische Botschaft zu stürmen ... Am 20. Dezember wird Le Coupole in großem Stil, mit einem Glas Champagner für jeden Besucher, eröffnet und schlägt sofort ein ... Die erste Auflage von Ezra Pounds *The Exile* erscheint in Dijon ... Gerald Murphy malt *Wasp and Pear* ... *I Can't Give You Anything But Love* ist in Paris der Schlager des Jahres.

Harry und Caresse Crosby: Pompejische Nächte

Harry und Caresse Crosbys Leben würde ein gutes Thema für einen Debattierklub abgeben. Es ist in sich derart widersprüchlich, daß die Mannschaften zu jedem Argument ein ebenso überzeugendes Gegenargument finden könnten:

Mannschaft A: Sie waren extravagant, dekadent und verschwenderisch. Nachts feierten sie in ihrer Wohnung Orgien, sie soffen wie die Löcher, knallten sich mit Opium und Haschisch die Köpfe zu und stolzierten durch die Straßen von Paris mit einem Whippet an einer juwelenbesetzten Leine.

Mannschaft B: Sie waren engagierte Dichter und Verleger. In den fünf Jahren, die zwischen der Gründung der Black Sun Press und Harrys Selbstmord lagen, brachten sie vierunddreißig Bücher in wunderschöner Ausstattung heraus, und die Hälfte davon hatten sie auch noch selbst geschrieben, größtenteils Gedichtbände.

Mannschaft A: Sie waren zweitklassige Dichter!

Mannschaft B: Nun ja, dafür waren sie erstklassige Verleger, und durch die zweitklassigen Gedichte, die sie uns hinterlassen haben, gewähren sie uns einen tiefen Einblick in die Schattenseiten des Lebens der Intelligenz im Paris der zwanziger Jahre.

Mannschaft A: Robert McAlmon, der selbst nicht von schlechten Eltern war, was Trunksucht und Degeneration betrifft, verabscheute sie wegen ihrer Dekadenz und ihres zügellosen Alkoholismus.

Mannschaft B: Wen verabscheute er nicht? Selbst die korrekte, züchtige Sylvia Beach sagte, die Crosbys seien die reizendsten Menschen, denen sie jemals begegnet ist. Ätsch!

Harry Crosby, ein Neffe des Magnaten J. P. Morgan und ein

Abkömmling von Alexander Hamilton, wurde in die reiche Bostoner Gesellschaft hineingeboren. 1917 trat er im Alter von neunzehn Jahren der American Field Service bei, nahm an der Schlacht bei Verdun teil und erhielt als Anerkennung für seine Tapferkeit das *Croix de Guerre*. Während der Schlacht fiel eine Bombe auf den Krankenwagen, den er führte und zerstörte das ganze Fahrzeug, bis auf die Stelle, wo er gerade saß. Viele seiner Biographen vermuten, daß es dieses Erlebnis war, das seine obsessive Beschäftigung mit dem Tod auslöste. Immerhin beging Harry jeden Jahrestag des erschreckenden Ereignisses.

Nach dem Krieg kehrte Harry nach Hause zurück und nahm sein Studium in Harvard auf. Kurze Zeit später lernte er Mary Peabody kennen und lieben, die mit einem trunksüchtigen Geschäftsmann verheiratet war und deren Ehe dabei war, zu Bruch zu gehen. Polly, wie man sie nannte, stammte selbst aus einer alten, reichen Familie. Einer ihrer Vorfahren war der Erfinder des Dampfschiffes, Robert Fulton.*

Trotz heftiger Proteste beider Familien ließ sich Polly von ihrem Mann scheiden und heiratete Harry. 1922 zogen sie nach Paris auf die Ile St. Louis. Harry arbeitete ein Jahr lang in der Bank seines Onkels, J. P. Morgan, aber mit dem Herzen war er nicht dabei. Viel lieber spielte er; anfangs frönte er zusammen mit Polly ausgiebig dem Glücksspiel. Sie besaßen eigene Rennpferde und -hunde. Mit der Zeit fanden sie das alles aber ermüdend und wandten sich der Dichtkunst zu. Schließlich beschlossen sie, hauptberuflich zu schreiben, und Harry kündigte seine Stelle.

Die einfachste Art, etwas zu publizieren, ist, es im Selbstverlag herauszubringen, also wurden Harry und Polly Verleger. 1924 gründeten sie die Black Sun Press. Ungefähr um diese Zeit überlegte sich Polly, daß sie lieber einen weniger mondänen und dafür poetisch klingenderen Namen haben wollte. Harry bestand darauf, daß es ein Name sein müsse, der sich im Schriftbild mit dem seinen kreuzen ließ. Sie einigten sich auf Caresse, und so entstand das »Crosby Cross« , das immer wieder in den Büchern der beiden zu sehen ist:

* Polly war selbst eine Erfinderin. Ihr Entwurf des ersten Büstenhalters ohne Drahtbügel wurde 1914 patentiert und später für 15 000 Dollar an die Warner Brothers Corset Company verkauft.

C
A
HARRY
E
S
S
E

Neben ihren eigenen Werken brachten die Crosbys Bücher von D. H. Lawrence, Archibald MacLeish, Kay Boyle, James Joyce, Hart Crane, Marcel Proust, Henry James und Ezra Pound heraus. Sie taten einen meisterhaften Drucker auf, der ihre Entwürfe realisierte, was dazu führte, daß der noble Stil und die Qualität der Bücher, die bei Black Sun Press erschienen sind, noch heute bewundert wird.

Harry war zunehmend vom Tod fasziniert, und zu dieser Leidenschaft gesellte sich eine fast als heidnisch zu bezeichnende Sonnenanbetung. Bei einer Reise durch Ägypten ließ er sich die Sonne, das Symbol des täglich sich wiederholenden Zyklus von Tod und Wiederauferstehung, auf den Rücken tätowieren. Er verfaßte Oden an die Sonne und trug einen Sonnenring, der angeblich aus dem Grabesschatz Tut-Ench-Amuns stammte. Seine veröffentlichten Tagebücher beziehen sich wiederholt auf die Sonnengöttin, auf Ziele, die von den Pfeilen der Sonne durchbohrt werden, auf das Bokhara Sonnenfeuer, den Sonnenturm, den Sonnenstich und die Sonne als Hexenkessel. Manche Passagen sind ausgesprochen überschwenglich:

Es ist *Mittag* Meine feurigen Pfeile fliegen in die Sonne *Ra Ra Ra Ra*
Ich durchdringe die Sonne
Ich bin die Sonne.

Andere sind wiederum von suizidalen Anwandlungen geprägt. In einem Gedicht mit dem Titel »Sonnentod« zählte er berühmte Selbstmörder auf und schreibt von einem Orgasmus-Erlebnis zusammen mit der Sklavin des Todes. In einem anderen Gedicht, »Attentäter«, stellt er sich vor, Selbstmord zu begehen, indem er sich das eigene Herz herausschneidet und sich dann damit auf den Weg zur Sonne begibt. Harrys Todeswunsch wurde schließlich Wahrheit. Am 10. Dezember 1929 schied er gemeinsam mit seiner damaligen Geliebten Josephine Rotch, mit der er ein Selbstmordabkommen geschlossen hatte, aus dem Leben.

Dennoch führten die Crosbys in Paris, trotz ihres Engagements für die Black Sun Press, ein sehr geselliges Leben. Sie mieteten eine alte Mühle außerhalb von Paris, in der bereits der Philosoph Jean-Jacques Rousseau gelebt hatte, und statteten sie so aus, daß sie große Gesellschaften luxuriös beherbergen konnten. Oft luden sie Kunststudenten zum Essen ein und wurden dafür ihrerseits zum alljährlich stattfindenden bacchantischen Quatz Arts Ball eingeladen.

Vor dem Ball gab es bei den Crosbys ein Champagnerdiner. Anschließend zog man durch die Straßen: Caresse barbusig, auf einem Elefantenbaby reitend, Harry ausschließlich mit einem Vatermörder und einem strategisch plazierten Beutel voller Schlangen bekleidet. Später, bei dem Ball, gewann die Gruppe, die die nackte Caresse bei sich hatte, den ersten Preis. Caresse und Harry verließen die Veranstaltung getrennt, jeder mit einem anderen Partner, und als sie sich nach Stunden wiederbegegneten, lag Harry gerade mit drei schönen Frauen in der eingelassenen Marmorbadewanne.

Es kam recht häufig vor, daß die Crosbys en masse badeten und schliefen. Caresse beschreibt es folgendermaßen:

»Wenn wir unterhalten werden wollten, empfingen wir unseren Besuch im Bett ... Wir tranken immer Champagner, und fast immer fingen wir beim Kaviar an. Unsere Gäste konnten jederzeit baden, wenn sie Lust dazu verspürten, denn wir besaßen eine eingelassene Marmorbadewanne in einem schwarzweiß gekachelten Badezimmer, das auch noch ein weißes Bärenfell, einen offenen Kamin und eine mit rosa Frottee bezogene Chaiselongue vorzuweisen hatte. Wir probierten gerne verschiedene Badeöle und -salze aus, also gab es große Mengen davon, mit denen man herumspielen konnte. Die meisten unserer Freunde wohnten ja im Quartier Latin in Zimmern, deren Kanalisation ein dunkles Geheimnis bleibt. Chez nous gab es als Trankopfer Martinis und den Duft von rosa Geranien. Außerdem stellten wir wallende Bademäntel zur Verfügung. Einige Abende fielen recht pompejisch aus. In der Badewanne war Platz für vier.«

Menü für Caresse und Harry Crosby

Kaviar
Champagner

Zum Kaviar...

Nur der Rogen vom Stör gilt als echter Kaviar. Bis vor kurzem war der Stör des Kaspischen Meeres der fast alleinige Kaviarlieferant. Inzwischen ist der amerikanische Stör aber dabei, sein Comeback zu erleben. Sein Kaviar schmeckt nicht ganz so gut wie der aus dem Kaspischen Meer, ist dafür aber erheblich preiswerter. Die Größe und Farbe des Kaviars hängt von der Sorte ab.

American Black Kaviar hat ungefähr die Größe einer kleinen Kaper und ist, wie der Name schon sagt, schwarz.

Kaspischen Kaviar gibt es in den Vereinigten Staaten in drei Varianten zu kaufen. Beluga ist die bekannteste Sorte. Die Rogen sind von allen Sorten die größten und weichsten, die Farbe ist stahlgrau bis schwarz. Osetrowa ist kleiner, fester und weniger teuer als Beluga und hat eine grün-graue bis braune Farbe. Sewruga, der kleinste, härteste und billigste Kaviar, ist schwarzgrau.

Kaufen Sie, wenn möglich, frischen Kaviar. Es gibt ihn gepreßt oder à la Malossol, was soviel bedeutet wie »leicht gesalzen«; eine Prise Salz hält nämlich die Rogen frisch. Nur die hochwertigsten Rogen werden auf diese Weise verarbeitet. Sie sind perfekt geformt und einzeln erhalten, so daß man beim Verzehr jedes einzelne winzige Ei mit der Zunge ertasten kann. Gepreßter Kaviar, der ebenfalls aus hochwertigen Rogen hergestellt wird, aber aus solchen, die zu zerbrechlich oder nicht genügend ausgereift sind, als daß man sie hätte à la Malossol verarbeiten können, ist von einer zäheren Konsistenz. Gepreßter Kaviar ist oft eine Mischung aus Beluga, Osetrowa und Sewruga. Er war immer viel preiswerter als der Kaviar à la Malossol, aber je schwerer es wird, kaspischen Kaviar zu importieren, desto teurer wird auch der gepreßte. Dann gibt es noch den pasteurisierten Kaviar. Er besteht aus ganzen Rogen mittlerer Qualität und wird als Glas- oder Büchsenkonserve angeboten. In dieser Form ist er natürlich haltbarer, aber auch zäher, da er beim Pasteurisieren stark erhitzt wird.

Bedenken Sie folgendes, wenn Sie Kaviar anbieten: Lassen Sie den Kaviar in dem Glasbehälter, in dem er sich beim Kauf befand. Stellen Sie ihn in eine größere, mit Eis ausgelegte Schüssel. So bleibt er länger frisch, und die kleinen schwarzen Kaviarperlen sehen in Kombination mit dem klaren Eis besonders appetitlich aus. Verwenden Sie ganz kleine Messer und Löffel aus Glas, Holz oder Elfenbein, keinesfalls aus Metall, da dieses oxydiert und den Geschmack des Essens beeinträchtigt.

Was die Beilagen betrifft, gibt es zwei Standpunkte: den asketischen und den dekadenten. Der Asket nimmt zum Kaviar lediglich eine Scheibe gutes, getoastetes Weißbrot, während der dekadente Zeitgenosse eine Vielfalt an Beilagen bevorzugt. Am beliebtesten sind, in getrennten Glasschalen anzubieten, hartgekochte, kleingeschnittene Eier und rohe Zwiebeln, ebenfalls in kleine Stücke geschnitten. Sollten Sie dem dekadenten Lager angehören, brauchen Sie sich nicht auf Weißbrot zu beschränken; Pumpernickel, Schwarz- oder Roggenbrot haben auch ihre besondere Note. Sie werden getoastet und die Krusten entfernt.

Champagner:

Echter Champagner stammt ausschließlich von den Reben, die in abgegrenzten, klar definierten Anbaugebieten der französischen Champagne gezüchtet werden. Er wird durch Flaschengärung erzeugt. Zu den exklusivsten französischen Marken gehören: Dom Perignon, Bollinger, Tattinger, Heidsieck Monopole, Louis Roederer, Veuve Clicquot, Krug, Perrier Jouet und Phillipponnat. Alle anderen Schaumweine, einschließlich der vielen hervorragenden, in den Vereinigten Staaten erzeugten Marken, sind als Sekt zu bezeichnen.

Champagner schmeckt gekühlt am besten, aber zu kalt darf er auch nicht sein. Damit Sie beim Öffnen der Flasche nichts verschütten, halten Sie sie vorher leicht schräg und rütteln sanft am Korken. Anschließend wird er sich leicht entfernen lassen. Champagner wird in hohen, schmalen Kelchen serviert.

1928

In den Vereinigten Staaten:

... findet die Premiere von George Gershwins *Ein Amerikaner in Paris* statt ... wird nach einer langen, kostspieligen Gerichtsverhandlung zwischen dem Künstler und der Zollbehörde Brancusis *Vogel im Raum* zum Kunstwerk erklärt, das zollfrei in die U. S. A. eingeführt werden darf ... *The Art of Dance,* verfaßt von der kürzlich verstorbenen Isadora Duncan, sowie Djuna Barnes' *Ryder* erscheinen.

In Paris:

... kommt der ehemalige Weltmeister der Schwergewichtsklasse Gene Tunney auf einen Kurzbesuch ... Zelda Fitzgerald fängt an, Ballettunterricht zu nehmen ... Kay Boyle schließt sich Raymond Duncans Künstlerkolonie an, die sich altgriechischen Idealen, vegetarischer Ernährung und einfacher Lebensweise verschrieben hat ... Die amerikanischen Künstler Stuart Davis, Isamu Noguchi und Henry Miller kommen nach Paris ... Virgil Thomson komponiert nach Werken Gertrude Steins *Four Saints in Three Acts* ... Djuna Barnes' *Ladies Almanach* erscheint bei Contact Editions ...

Gerald und Sara Murphy: Die Schatzsuche

Im Alltagsleben von Gerald und Sara Murphy vereinigten sich die besten amerikanischen und französischen Traditionen. Das Resultat war etwas Seltenes und Besonderes, das weder der Alten noch der Neuen Welt zuzuordnen war.

Beide Murphys stammten aus privilegierten, aber überaus konventionellen Familien. Ihre Herkunft gibt keine Antwort auf die Frage, wie es ihnen gelang, einen Lebensstil zu entwickeln, der die Quintessenz dessen darstellte, was es bedeutete, in den zwanziger Jahren als Amerikaner in Paris zu leben. Geralds Vater war der Firmengründer von Mark Cross, einem exklusiven New Yorker Lederwarenfachgeschäft. Gerald besuchte Hotchkiss, absolvierte im Jahre 1912 Yale und arbeitete anschließend im väterlichen Betrieb.

Sara kam aus Cincinnati, war als Kind aber oft in Europa und sprach infolgedessen fließend Französisch, Deutsch und Italienisch. Sie und ihre Schwester wurden auf teure Privatschulen geschickt und anschließend am St. James Court vorgestellt. Allen Berichten zufolge waren sie schön und begabt, und 1914 machten sie in London Furore.

Die Murphys heirateten 1915. Zwei Jahre später wurde das erste ihrer drei Kinder, die Tochter Honoria, geboren; es folgten, kurz hintereinander, die beiden Jungen, Patrick und Baoth. 1917 trat Gerald der Wehrmacht bei und wurde nach Texas geschickt, um eine Ausbildung zum Piloten abzuschließen. Da schon im folgenden Jahr der Waffenstillstand eintrat, kam er nicht zum aktiven Einsatz.

Ungefähr um diese Zeit fingen die Murphys an, sich angesichts des zunehmenden Konservatismus, der sich in den USA ausbreitete, in ihrem Heimatland unwohl zu fühlen. Wie viele ihrer Freunde befürchteten auch sie, daß alle neuen Impulse auf den Gebieten der bildenden Kunst, der Literatur und der Musik zum Stillstand erstickt wurden in einem repressiven Klima, das alles Neue ablehnte und die Anpassung propagierte. Die Einführung der Prohibition gab den endgültigen Ausschlag; einer Regierung, die sich anmaßte, ihren Bürgern das Trinken zu verbieten, war alles zuzutrauen, fanden sie. Da sie nunmehr zu der Überzeugung gekommen waren, daß es nicht länger möglich war, als kreativ tätiger Mensch in den USA zu leben, siedelten die Murphys 1921 nach Paris über.

Bald nach ihrer Ankunft sahen sie zum ersten Mal die Gemälde von Picasso, Braque und Gris. Gerald faszinierte die Zusammenstellung der Farben und Formen dermaßen, daß er auf der Stelle beschloß, selbst Maler zu werden. Er nahm Stunden bei der russischen Malerin Natalia Goncharowa. Zwischen 1921 und 1929 malte Gerald zehn Bilder. Seine Arbeiten, gewissenhaft präzise Darstellungen alltäglicher Gebrauchsgegenstände, griff der Pop Art um vierzig Jahre vor.*

Goncharowa, die das Bühnenbild für Diaghilews Ballett entwarf, stellte dem Ehepaar Murphy den berühmten Impressario vor. Dieser wiederum machte sie mit Picasso, Strawinsky, Satie, Cocteau und anderen Modernisten bekannt. Dank dieser Kontakte erhielt Gerald den Auftrag, das Bühnenbild für ein »amerikanisches« Ballett, *Within the Quota,* zu schaffen, das vom Ballett Suédois aufgeführt wurde. Cole Porter schrieb die Partitur. Das Ganze war eine Satire über die Vereinigten Staaten, und Gerald malte als Bühnenhintergrund die riesengroße Titelseite einer Hearst-Zeitung. Immerhin leistete er so gute Arbeit, daß Picasso sie kommentierte mit: »C'est beau, ça.«

Die Murphys liebten zwar Paris und unterhielten eine Stadtwohnung in der rue Gît-le-Cœur, aber der wesentlichere Teil ihres Lebens fand an der Riviera statt. Zum ersten Mal besuchten sie die Côte d'Azur im Jahre 1921, als Cole Porter sie in das Haus einlud, das er am Cap d'Antibes gemietet hatte. Damals war die Riviera im

* 1964 veranstaltete das New York Museum of Modern Art eine Gerald Murphy Retrospektive und erstand eines der Gemälde für die Dauerausstellung.

Sommer noch menschenleer; das einzige Hotel, das es überhaupt am Cap d'Antibes gab, hatte von Juni bis Dezember geschlossen, weil sowieso keine Gäste zu erwarten waren. Am Strand wurde so wenig geschwommen, daß der Strand mit einer mehr als ein Meter hohen Schicht aus Meeresalgen bedeckt war. Die Murphys räumten ein Teil davon weg, genug, um schwimmen, in der Sonne liegen und am Strand herumtoben zu können. Sie lernten die Bewohner des winzigen Ortes kennen und hatten, ehe der Sommer zu Ende war, ein neues Zuhause gefunden.

Bald kauften sie dort eine Villa, die hoch oben auf einem Hügel stand und einen wundervollen Ausblick auf die roten Ziegeldächer von Antibes und auf das blaue Mittelmeer bot. Der vorherige Besitzer war ein französischer Offizier gewesen, der in Übersee stationiert war und von seinen Reisen exotische Pflanzen mitzubringen pflegte, die er im Garten pflanzte: Dattelpalmen, weißblättrige arabische Ahorn-, sowie Pfeffer-, Oliven-, Feigen- und Zitronenbäume. Außerdem gab es viele Blumen und Blüten: Oleander, Mimosen, Rosen, Heliotrop, Jasmin und Kamelien, und abends sangen im Garten die Nachtigallen. Die Murphys stockten die Villa um eine Etage auf, ließen ein Sonnendach errichten und möblierten ihr neues Haus mit Korbmöbeln, einfachen Läufern und schlichten Holztischen. Überall standen große Vasen voller Blumen aus dem Garten. Sie gaben dem Haus den Namen Villa America.

Hier begannen die Murphys, ihre bikulturelle Lebensart zu entwickeln. Von den Franzosen übernahmen sie die Rivierakluft, die die Männer zu tragen pflegten, bestehend aus gestreiften Matrosen-T-Shirts und weißen Segeltuchhosen, die elaborierten Anteile der hausüblichen Cuisine, die bunte Palette an Weinen und Kunstrichtungen, die die Modernisten bevorzugten, und den Löwenanteil ihres Freundeskreises. Von den Amerikanern wiederum übernahmen sie den Jazz - der Schlagzeuger von Jimmy Durantes Band ließ ihnen jeden Monat die heißesten Scheiben zukommen-, die modernen Tänze, die Literatur, die Cocktails, die Spirituals der Schwarzen, die schlichtere Cuisine und ihre übrigen Freunde. Zu denen, die im Laufe der Zeit in den Genuß der »Murphy Mixtur« kamen, gehörten Dorothy Parker, Robert Benchley, Cole Porter, Rudolph Valentino, Pablo und Olga Picasso, Strawinsky, Alexander Woolcott, Fernand Léger, Ernest und Pauline Hemingway, Erik Satie,

Scott und Zelda Fitzgerald, John und Katy Dos Passos und Archibald und Ada MacLeish.

Üblicherweise wurde der Tag mit einem Frühstück auf der Terrasse begonnen. Anschließend zog sich Gerald zum Malen in sein abgelegenes Atelier zurück, die Kinder wurden von ihrem Hauslehrer unterrichtet, und Sara arbeitete im Garten. Vor dem Mittagessen ging die ganze Familie und jeder, der gerade zu Besuch war, an den Strand. Abends gab es Cocktails und Essen. Danach wurde ein amerikanischer Film vorgeführt, wobei ein Bettlaken als Leinwand diente, oder man spielte Musik und tanzte, oder man unterhielt sich einfach, und das machte, wenn man den Berichten derer, die dabei waren, Glauben schenkt, den größten Spaß.

Am meisten legten die Murphys Wert aufs Familienleben. Zwar waren die Kinder nicht immer und überall dabei, aber man ging sehr auf sie ein und unternahm oft ihnen zuliebe interessante Ausflüge. Eine der schönsten Anekdoten aus Honoria Murphy Donnellys Buch, *Sara & Gerald,* gibt einen dieser Anlässe wieder. An einem Sommertag entdeckten die Kinder im Garten eine alte, verrostete Kiste im Garten. Sie enthielt eine ausgeblichene, auf Pergament gezeichnete Landkarte der französischen Küste. Dort, wo St. Tropez eingezeichnet war, hatte jemand ein Kreuz gemalt, wie es schien, mit Blut. Gerald und Sara waren nicht weniger aufgeregt als ihre Kinder, als sie ihnen die Karte zeigten. Die Karte war echt, sagten sie, und da, wo das Kreuz aufgemalt war, lag mit Sicherheit ein verborgener Schatz!

Tagelang studierten die Kinder mit zunehmender Vorfreude die Karte, während Gerald und Sara ihre Schaluppe, die Honoria, seetüchtig machten, um auf Schatzsuche zu gehen. Sara bereitete die Wegzehrung vor und Gerald kaufte zwei Zelte, damit man am Strand kampieren konnte, sobald man die Stelle erreicht hatte, die das Kreuz kennzeichnete. Zu den Dingen, die am meisten Freude machten, gehörte die strenge Geheimhaltung gegenüber Außenstehenden. Wenn Freunde fragten, wohin denn die Reise gehen sollte, gaben sich die Murphys, die Großen wie die Kleinen, sehr verschlossen. »Wir machen nur eine Vergnügungsfahrt,« sagten sie.

Schließlich nahte der Tag der Abreise. Die Karte wurde sorgfältig verstaut, und die Murphys segelten los. Mittags gingen sie vor

Anker und schwammen erst einmal ein paar Runden. Den weiteren Verlauf des Tages gibt Honoria wie folgt wieder:

»Nachdem wir wieder an Bord der *Honoria* waren, legte Mutter riesige Badetücher in die Kombüse, und wir wickelten uns darin ein. Dann legte sie eine Platte von Strawinsky auf das aufziehbare Grammophon und setzte uns ein leckeres Mittagessen aus Gnocchi, Salat und frischen Pfirsichen mit Sahne vor. Anschließend fuhren wir weiter, und wir gingen unter Deck, um einen Mittagsschlaf zu halten. Abends liefen wir im Hafen von St. Tropez ein und legten am Gemeindedock an. Als wir nach einem Spaziergang durch den Ort zum Boot zurückkehrten, hatte sich eine Menschenmenge angesammelt. Es ertönten erfreute Ausrufe: ›*Ce sont des Américains.*‹ 1928 galten Amerikaner an der Riviera immer noch als Seltenheit.«

Tags darauf liefen sie in einer kleinen Bucht nahe St. Tropez ein, zelteten über Nacht am Strand, erzählten einander Spukgeschichten und hörten dazu auf dem Grammophon schaurige Musik. Am nächsten Morgen begann nach einem kurzen Frühstück die Schatzsuche. Gerald lief mit den Kindern den Strand ab und verglich den Standort mit der Markierung auf der Karte. Schließlich rief Gerald, er habe die Stelle gefunden, die Kinder fingen an zu graben und stießen dabei auf eine alte Metallbüchse, die viel zu klein war, um verborgene Schätze zu beherbergen. Statt dessen enthielt sie ein weiteres Blatt Pergament, das sie zu einer Stelle dirigierte, die ein Stück strandabwärts lag. Dort fanden nun die Kinder zu guter Letzt die Piratentruhe. Sie war gefüllt mit Theaterschmuck, »Rubinen« , »Diamanten« und »Smaragden« und mit alten Kompassen, Münzen, Ohrringen und Armbändern.

Natürlich hatten Gerald und Sara die ganze Sache im vorhinein geplant. Das Pergament und die Truhe hatten sie in Paris gekauft und die Schätze auf Flohmärkten und bei Trödlern zusammengesucht. »Jahre später«, schrieb Honoria 1982, »erfuhren wir erst, daß die Schatzsuche eine Erfindung gewesen war. Das ›Rubinkollier‹ trage ich heute noch.«

Gnocchi à la Virgil Thomson
Grüne Salate
Frische Pfirsiche mit Sahne

Gnocchi à la Virgil Thomson:

Nach Virgil Thomsons Rezept, das im Original im *Alice B. Toklas Kochbuch* wiedergegeben wird.

Schneiden Sie ½ Pfund Ricotta oder Mozzarella in dünne Scheiben, legen sie in eine Schüssel, gießen Milch darüber und lassen sie ziehen, während Sie die Gnocchi zubereiten.

Schälen Sie 1 Kilo weiße Kartoffeln und lassen sie ca. 40 Minuten in Salzwasser kochen, bis sie so weich sind, daß sie sich mit einem spitzen Messer mühelos anstechen lassen. Gießen Sie sie ab und pürieren sie mit einer Kartoffelpresse oder einem Stampfer. Mischen Sie unter ständigem Rühren ein geschlagenes Ei und ¾ bis 1 Tasse Weißmehl unter. Rollen Sie den Teig zu einer Kugel zusammen, die sie in walnußgroße Stücke zerteilen und mit einer Gabel formen. Gnocchi sollten olivenförmig, eher oval als rund sein.

Geben Sie die Gnocchi nach und nach in kochendes Salzwasser. Nach 3 bis 5 Minuten werden sie gar sein und an der Wasseroberfläche schwimmen. Während sie kochen, entnehmen Sie den Ricottakäse aus der Milch und legen eine Schicht davon auf eine Servierplatte und bestreichen sie mit 1 TL Butter. Gießen Sie die Gnocchi gut ab, schichten sie auf den Käse, geben erneut eine Lage Käse darauf und schichten entsprechend weiter. Die oberste Schicht sollte aus Käse bestehen. Rühren Sie vorm Auftragen behutsam um.

Grüne Salate:

Ein einfacher grüner Salat mit einer würzigen Vinaigrette paßt am besten zu dem kräftigen, sahnigen Geschmack der Gnocchi. Das Rezept für grüne Salate finden Sie auf Seite 119.

Frische Pfirsiche mit Sahne:

Waschen Sie die Pfirsiche gut ab, schneiden sie in gleich große Stücke, geben sie in eine Schüssel und gießen frische Sahne darüber.

Zelda Fitzgerald:
Perlensuppe

✳

Als kleines Mädchen rief Zelda Fitzgerald eines Tages die Feuerwehr an, berichtete, daß ein Kind auf einem Dach sitze und nicht mehr herunterkomme und gab ihre eigene Adresse an. Dann stieg sie aufs Dach, warf hinter sich die Leiter um und lehnte sich zurück, um den Aufruhr zu genießen, der zu ihren Füßen auf der verschlafenen, von schattigen Bäumen gesäumten Pleasant Avenue in Montgomery, Alabama, entstand. Es versammelten sich Feuerwehrwagen mit kreischenden Sirenen, denen besorgte Feuerwehrmänner entstiegen, sowie begeisterte Kinder und neugierige Nachbarn, die gerne wissen wollten, was die Tochter des Richters jetzt wieder angestellt hatte.

Was sollte man auch anderes erwarten von einem Kind, das nach der Romanfigur einer wilden Zigeunerkönigin benannt war. Alle, die Zelda als Kind gekannt hatten, bestätigten, daß sie zu allem bereit war: ins tiefste Wasser zu springen, auf die höchsten Bäume zu klettern, mit der schonungslosesten Aufrichtigkeit ihre Meinung zu vertreten. Als Teenager war sie nicht minder wild und waghalsig; die Eigenschaften nahmen, im Gegenteil, sogar noch zu, genau wie ihr Scharfsinn und ihre blonde, falkenhafte Schönheit. Diese explosive Anhäufung von Attributen wurde so manch einem Jüngling zum Verhängnis: Als sie selbst noch die High school besuchte, war sie bei den Studenten sämtlicher im Umkreis liegender Universitäten bereits als die Königin der Herzensbrecherinnen bekannt. Und als nach Ausbruch des Krieges der Militärstützpunkt Camp Sheridan in Montgomery von jungen Offizieren bevölkert wurde, erreichte Zeldas Beliebtheit ihren Höhepunkt. Flieger vollführten ihre Kunststücke über ihrem Haus, bis sich die Nachbarn beim Ersten Offizier des Camps beschwerten. Im Laufe eines Sommers sammelte Zelda eine ganze Zigarrenkiste voller militärischer Abzeichen, vergleichbar mit den in Friedenszeiten gerne verschenkten Anstecknadeln der Studentenverbindungen. Bei den Tanzveranstaltungen im Country Club wurde sie von Studenten und Leutnants umringt, die alle auf einen Blick, einen Tanz oder sogar einen Kuß spekulierten.

Bei einer solchen Tanzveranstaltung lernte die achtzehnjährige Zelda Sayre den Leutnant zweiten Ranges Scott Fitzgerald kennen. Fitzgerald betreute einen Tisch mit höheren Offizieren. Von weitem beobachtete er ein wunderschönes, weißgekleidetes Mädchen, das im Mittelpunkt einer Gruppe junger Männer stand. Vom ersten Blick an war ihm klar: »Ich mußte sie einfach bekommen.« Er verließ pflichtvergessen den Tisch, ging zu Zelda und stellte sich vor. Am selben Abend vertraute er seinem Tagebuch an, daß er sich verliebt habe.

Zelda ging es nicht anders. Zu einem späteren Zeitpunkt schrieb sie, die Liebe sei derart intensiv gewesen, daß der Blick auf den Geliebten »verzerrt war, wie wenn man sich am Spiegel die Nase plattdrückt und sich selber in die Augen schaut«. Damit war sie der Wahrheit nähergekommen, als ihr selbst bewußt war, denn Scott war Zelda sehr ähnlich darin, daß er es liebte, andere zu schockieren und die allgemeine Aufmerksamkeit auf sich zu lenken. Anfangs war Zelda die keckere von beiden, aber mit der Zeit verwischten sich die Grenzen; sie wurden zu einer Einheit, die ständig dem Abenteuer hinterherjagte. Sie wurden, wie Zelda es ausdrückte, »Aufregungssüchtige«.

Zelda und Scott heirateten 1920, kurz nach dem Erscheinen von Scotts erstem Roman, *Diesseits vom Paradies,* der über Nacht zum Bestseller wurde, da er das aufrührerische Lebensgefühl der Nachkriegsgeneration so treffend zum Ausdruck brachte. Hier wurden zum ersten Mal die wilden Vamps beschrieben, die man später »Flappers« nannte, die sich nichts verbieten ließen, die mit dem Feuer spielten und dabei in Kauf nahmen, sich zu verbrennen, und die desillusionierten jungen Kriegsheimkehrer, die neue Musik, der scheinbar leichtfertige Umgang mit Kunst und Dichtung, die Einstellung, daß der einzige Sinn des Lebens darin lag, den Augenblick zu genießen. »Amerika befand sich auf der längsten, buntesten Vergnügungsreise, die es je gegeben hatte«, schrieb Fitzgerald. Das Jazz-Zeitalter war eingeläutet worden, und er und Zelda - jung, berühmt und verwegen, wie sie waren - waren der Inbegriff des Zeitgeistes.

Beinahe zehn Jahre lang verkörperten sie die goldene Jugend. Anfangs waren ihre Eskapaden amüsant und fast unschuldig; man sprang eben mal in den Brunnen auf der Plaza oder fuhr auf dem Dach eines Taxis spazieren. Aber die Jahre vergingen, der Alkoholkonsum nahm stetig zu und die Vergnügungssucht erreichte destruktive, selbstmörderische Ausmaße. Zelda nahm mehr als einmal eine Überdosis von irgend etwas, Scott war häufig in Kneipenschlägereien verwickelt, und nach tagelangen Sauftouren erwachte man öfters in einer fremden Stadt, wenn nicht sogar in einem fremden Land, und hatte nicht die geringste Ahnung, wie man dort gelandet war.

Auch die Arbeit wurde zum Problem. Das ständige Feiern hielt Scott vom Schreiben ab, andererseits lebten die Fitzgeralds auf so großem Fuße, daß das Schreiben zur zwingenden Notwendigkeit wurde. Nach dem Erscheinen seines ersten Romans verdiente Scott innerhalb von vier Jahren schätzungsweise 100 000 Dollar, was damals sehr viel Geld war. Dennoch waren sie ständig verschuldet und verlebten die Honorare, bevor sie überhaupt verdient worden waren. Der zweite Roman, *The Beautiful and Damned* (1922), erhielt schlechte Kritiken und erzielte unerwartet niedrige Verkaufszahlen; *Der Große Gatsby*, der 1925 erschien, wurde zwar gut besprochen, aber ebenfalls schlecht verkauft, so daß sich Scott gezwungen sah, für Zeitschriften wie *The Saturday Evening Post* und *College Life* Kurzgeschichten zu produzieren, wobei es mehr um Schnelligkeit als um Qualität ging, und viele der Geschichten entsprechend mittelmäßig ausfielen.

Zelda begab sich währenddessen auf die verzweifelte Suche nach einem Bereich, innerhalb dessen sie sich selbst verwirklichen konnte. 1928 stürzte sie sich im Alter von achtundzwanzig Jahren mit einer solchen Leidenschaft aufs Ballett, daß sie dabei ihre Tochter Scottie und ihren Mann vollkommen vernachlässigte. Dieser war weit davon entfernt, ein »aufgeschlossener Ehemann« zu sein, wie Zeldas ausgesprochen autobiographischer Roman, *Schenk mir den*

Walzer, hinreichend belegt. Darin wird ein Dialog wiedergegeben, in dem ihr Mann sie fragt, warum sie nicht mehr mit ihm nachts um die Häuser ziehe. Als sie erwidert, daß dies ihre Arbeit am nächsten Tag erschwere, tut er ihr Argument als »weibisches Gejammer« ab.*

1930 wurde Zelda aufgrund eines Nervenzusammenbruchs in ein Sanatorium eingewiesen. Nach ihrer Entlassung befaßte sie sich nicht länger mit Ballett, sondern fing an zu malen und zu schreiben. Eigentlich hatte sie schon eine ganze Zeitlang geschrieben und einige ihrer Geschichten waren in *College Life* erschienen, aber immer wurde Scott als Autor oder zumindest als Co-Autor angegeben, was Zelda, die schließlich bemüht war, eine eigenständige Identität aufzubauen, sehr zugesetzt haben muß. Der kanadische Schriftsteller Morley Callaghan lernte sie Ende der zwanziger Jahre kennen. Er entsinnt sich, daß sie wiederholt betonte: »Ich schreibe Prosa. Gute Prosa.«

Viele Biographen Fitzgeralds, wie auch Andrew Turnbull, machen Zelda für die Eheprobleme des Paares verantwortlich. Turnbull schildert sie als verwöhnt, labil und unglaublich egoistisch, als Persönlichkeit, die zeitlebens Scotts schöpferische Energien auslaugte. Ernest Hemingway war davon überzeugt, daß es Zelda war, die Scotts Untergang verursachte. Er hielt sie für geistesgestört und glaubte, Scott sei durch seine Liebe - und durch seinen Alkoholismus - geblendet gewesen.

Aber es gibt auch viele, die für Zelda Partei ergreifen. Ihre Biographin, Nancy Milford, betrachtete Zelda als mutige Frau, die leidenschaftlich auf der Suche nach einem eigenen Betätigungsfeld war, während sich Scott auf eine unreife und egoistische Weise dagegen wehrte, das Rampenlicht mit ihr zu teilen. Morrill Cody, der in Paris beide Fitzgeralds kennenlernte, gab Scott die Schuld für Zeldas Schwierigkeiten:

»Sie schrieb Kurzgeschichten, die, verglichen mit denen Scotts, positiv zu beurteilen sind. Ihr einziger Roman, *Schenk mir den Walzer,* der weitgehend autobiographisch ist, beweist, daß sie eine

* Eine Zeitung zitierte Fitzgerald einst folgendermaßen: »Einfach nur zu lieben, wirklich zu lieben, es ordentlich zu machen, reicht für eine Frau als Arbeit völlig aus.«

echte Begabung besaß, die wahrscheinlich außerordentlich gewesen wäre, wenn man ihr die Möglichkeit gelassen hätte, sie auszubauen. Wäre Scott ihr gegenüber verständnisvoller und verständiger gewesen, hätten die beiden meiner Meinung nach ein hervorragendes Literatenteam abgeben können.«

Zeldas größte schriftstellerische Leistung war ihr Roman *Schenk mir den Walzer*. Sie verfaßte ihn während und zwischen ihren Aufenthalten in psychiatrischen Kliniken von 1931 bis 1932. Es ist eine kaum verschleierte Autobiographie über ihre Jugend in den Südstaaten und über das Leben der amerikanischen Auswanderer in Frankreich, in einem lebhaften, impressionistischen Stil geschrieben. Ihre weibliche Hauptfigur benannte sie nach ihrem Heimatstaat Alabama. Scott erscheint als der berühmte Maler David Knight.* Zelda schildert ihre verzweifelten Bemühungen, Ballerina zu werden; im Roman gelingt ihr, woran sie in der Realität scheitert.

Ohne Scott davon zu erzählen, schickte Zelda den fertigen Roman an Scotts Lektor bei Scribners, Maxwell Perkins. Als er erkannte, daß der Roman ausgesprochen autobiographische Züge aufwies, beschloß Perkins, Scott einen Blick darauf werfen zu lassen, bevor er ihn in Druck gab. Scott war entsetzt über Zeldas Darstellung seiner Person und von der Schilderung der Ehe und empfand das, was er las, als Affront. Perkins war derselben Ansicht, und gemeinsam setzten sie Zelda zu, das Manuskript umzuschreiben. Sie gab nach, indem sie Knight zu einer derart nichtssagenden Figur machte, daß er kaum mehr als Person wahrnehmbar ist und das Buch ausschließlich von Alabamas Entwicklung handelt, von einer sorglosen Südstaatenschönheit zu einer unabhängigen Frau. Zelda ist es zwar im wahren Leben nicht gelungen, dieses Ziel zu erreichen, aber der Roman zeigt uns immerhin, wie sehr sie es sich wünschte. So gesehen ist er das einzige Zeugnis ihres Kampfes, das sie der Nachwelt hinterließ.

Trotz guter Kritiken wurde *Schenk mir den Walzer* von der Öffentlichkeit kaum zur Kenntnis genommen. Scribners machte nur wenig Werbung dafür, und da im Jahre 1932 die Wirtschaftskri-

* Eigentlich sollte er Amory Blaine heißen, genau wie der Held in Scotts erstem Roman, *Jenseits vom Paradies*, aber Scott setzte Zelda so intensiv unter Druck, daß sie schließlich den Namen änderte.

F. Scott Fitzgerald mit Ehefrau Zelda und Tochter Scotty,
Paris 1925

se in vollem Gange war, interessierte sich niemand besonders für Südstaatenschönheiten und »Jazz babies«. Hinzu kommt, daß dem Buch etwas Bizarres, fast Surrealistisches anhaftet, das beunruhigend wirkt, vielleicht, weil es Zeldas psychische Labilität widerspiegelt. Diese Textstelle, die beschreibt, wie Alabama eine verarmte Mitschülerin der Ballettschule ins teure Pruniers einlädt, vermittelt einen Eindruck davon:

»Verstohlen zog Stella das hervor, was sie aus den bodenlosen Tiefen der Suppe geangelt hatte. Sie war zu vertieft, um Antwort zu geben, konzentriert wie jemand, der dabei ist, eine Leiche zu bergen.

›Was, um alles in der Welt, tust du da, ma chère?‹ Alabama war verärgert, daß Stella nicht mehr Begeisterung an den Tag legte. Sie beschloß, nie wieder einen armen Menschen zu einer Stätte der Reichen zu führen; es war pure Geldverschwendung.

›Sch-sch-sch! Ma chère Alabama, ich habe Perlen gefunden - drei große! Wenn die Kellner das mitkriegen, werden sie sie als Eigentum des Lokals beanspruchen, deshalb will ich sie in meiner Serviette verstecken.‹

›Tatsächlich?‹ fragte Alabama. ›Zeig mal her!‹

›Sobald wir wieder auf der Straße sind. Ich versichere dir, daß es stimmt. Wir werden reich werden, du wirst ein eigenes Ballett haben, und ich werde darin tanzen.‹

... Unter dem fahlen Licht der Straßenlaternen öffneten sie vorsichtig die Serviette.

... Alabama begutachtete die runden gelben Fundstücke.

›Es sind bloß Hummeraugen‹, stellte sie entschieden fest.«

Den Rest ihres Leben verbrachte Zelda in psychiatrischen Kliniken und bei ihrer Mutter in Montgomery. Sie malte sehr viel, arbeitete im Garten, und gelegentlich traf sie sich mit Scott. Obwohl sie seit Anfang der dreißiger Jahre nicht mehr zusammen lebten, blieben sie weiterhin verheiratet und schrieben einander Liebesbriefe, bis Scott im Alter von fünfundvierzig Jahren einem Herzinfarkt erlag. Zelda kam im Jahre 1948 bei einem Brand im Highland Psychiatric Hospital nicht weit von Asheville, North Carolina, ums Leben.

Bouillabaisse à la Marseillaise

Bouillabaisse à la Marseillaise:

Puristen vertreten den Standpunkt, daß man eine echte Bouillabaisse sowieso nur dann herstellen kann, wenn man in der Umgebung von Marseilles-Toulon lebt, wo die großen Fischkutter mit dem saint-pierre, chapon, rascasse und girelle, den sie gefangen haben, einlaufen. Dieses Rezept kommt dem Marseillaiser nahe, obwohl andere Fischsorten verwendet werden als die, die es im Mittelmeerraum zu kaufen gibt. Zu einer Bouillabaisse bietet man kaum Beilagen an; ein Baguette und eine gute Flasche Wein reichen völlig aus.

Für 10 bis 12 Personen brauchen Sie 6 bis 7 Pfund Fisch. Kaufen Sie möglichst viele Sorten: Flunder, Seezunge, Kabeljau, Haifisch, Schellfisch, Barsch, Seebarsch, Merlan, Meeraal, Shrimps, 1 bis 2 Krebse und einen Hummer (den Sie längs der Mitte zerteilen). Die übrigen Meeresfrüchte schneiden Sie in gleich große Stücke.

Geben Sie nun folgende Zutaten in einen sehr großen Kochtopf: 1 große Zwiebel, 3 weiße Lauchstengel, 5 Knoblauchzehen - alles kleingehackt - sowie 3 große geschälte, entkernte und zerkleinerte Tomaten, 1 kleine Scheibe Fenchel, 1 Lorbeerblatt, 1 3-5 cm langen Streifen getrockneter Orangenschale, 1 Thymianzweig, 1 gute Prise Safran, Pfeffer und Salz, und, je nach Geschmack, einen Schuß Pernod. Gießen Sie ¼ Tasse gutes Olivenöl darüber und geben dann die Meeresfrüchte hinzu: zuerst den Hummer und die Krebse, dann die Fischsorten mit der festeren Konsistenz, wie den Haifisch und den Aal. Der weichere Fisch kommt erst später dazu. Schütteln Sie den Topf, damit sich das Öl verteilt und geben soviel Fischbrühe (siehe unten) oder Wasser hinzu, daß die Zutaten bedeckt sind, verschließen den Topf, bringen die Flüssigkeit zum Aufkochen und kochen das Ganze 5 bis 6 Minuten gut durch. Geben Sie die weichen Fischsorten und die Shrimps in den Topf und lassen die Bouillabaisse weitere 6 bis 8 Minuten kochen. Die gesamte Kochzeit sollte nicht länger als 15 Minuten betragen.

Schneiden Sie ein Baguette vom Vortag in dicke Scheiben; sehen Sie pro Person 3 bis 4 Scheiben vor, von denen Sie eine in jede Suppenschüssel geben und die übrigen in einen Brotkorb, den Sie auf den Tisch stellen. Holen Sie behutsam den Fisch aus dem Kochtopf und legen ihn dekorativ auf eine Servierplatte, die Sie ebenfalls auf den Tisch stellen. Geben Sie die Suppe in eine tiefe Terrine und verteilen sie bei Tisch.

Fischbrühe:

Geben Sie 4 Pfund Fischköpfe, Gräten und, falls vorhanden, Hummer- und Krebsschalen in einen mit Wasser gefüllten Kochtopf. Geben Sie 1 Lorbeerblatt, 6 Petersilienzweige, 1 zerkleinerte Zwiebel, Pfeffer und Salz dazu. Lassen Sie die Brühe aufkochen und dann im unverschlossenen Topf 30 Minuten köcheln. Legen Sie ein Sieb mit Gaze aus und passieren die Brühe durch. Die Zutaten können Sie wegwerfen.

1929

In den Vereinigten Staaten:

... findet am 23. Oktober der Börsenkrach statt; innerhalb weniger Wochen steigt die Arbeitslosenzahl von einer halben Million auf 3,1 Millionen an ... Harry Crosby bringt in New York erst seine Geliebte, dann sich selbst um ... *Fifty Million Frenchmen* feiert Premiere am Broadway; Cole Porter hat die Musik dazu geschrieben ... Elmer Rice wird für sein Theaterstück *Straßenszene* der Pulitzer Preis verliehen ... Ernest Hemingways *In einem andern Land* erscheint ... Das New Yorker Museum of Modern Art wird eröffnet ...

In Frankreich:

... bedeutet der Börsenkrach für die hier lebenden Amerikaner Geldnot; die meisten kehren in die Heimat zurück, zu denen, die in Frankreich bleiben, gehören Gertrude Stein, Sylvia Beach, Natalie Barney, Kay Boyle, Djuna Barnes ... Die erste Ausgabe von Edward Titus' *This Quarter* erscheint, sowie Kikis Buch *The Education of a French Model*; Ernest Hemingway sagt, daß sich nunmehr das Ende einer Epoche abzeichnet ... Hart Crane streitet sich mit Mme. Select, greift die herbeigerufenen Polizisten an und kommt ins Gefängnis ... Lee Miller, ehemaliges *Vogue*-Modell, kommt im Sommer nach Paris und wird später von Man Ray als Photographin angelernt ... Kay Boyles *Eisbären und andere Erzählungen* erscheint bei Black Sun Press ... Sergei Diaghilew stirbt in Venedig ... Simone de Beauvoir und Jean-Paul Sartre lernen einander an der Sorbonne kennen.

Kay Boyle:
Grünzeug

✳

Kay Boyle wurde erst 1903 geboren und war folglich im Vergleich zu ihren Pariser Zeitgenossen ein richtiger Grünschnabel.*

Im Jahre 1914, als Kay Boyle vierzehn wurde, hatte sich Djuna Barnes bereits eine erfolgreiche Karriere als Journalistin aufgebaut, Dos Passos und e. e. cummings waren gerade dabei, in Harvard die Schriftstellerei der Moderne zu entdecken, und Gerald Murphy hatte schon das College abgeschlossen, lebte in New York und fing an, seine Arbeitsstelle bei Mark Cross Ltd. langweilig zu finden.

Aber in gewisser Weise hatte Kay all den anderen gegenüber einen Vorsprung. Sie war Kind einer wohlhabenden Familie im Mittleren Westen, und sowohl ihre Mutter als auch ihre Großmutter waren resolute Individualistinnen und gehörten zu den ersten Feministinnen, die davon überzeugt waren, daß Kunst und Literatur essentiell zum Leben dazugehören. Als Kay Boyle elf Jahre alt war, las ihre Mutter auf einem Ärztekongreß aus Gertrude Steins *Zarte Knöpfe* vor; einige Jahre später verlas sie bei einem Gewerkschaftsausschuß in Cincinnati Auszüge aus *Ulysses*. Ob die Ärzte und die Gewerkschafter die Lesungen zu schätzen wußten, ist eine andere Frage; ausschlaggebend ist die Tatsache, daß Boyle mit solchen Schriften aufwuchs.

1922 kam sie zusammen mit Robert Brault, den sie kürzlich geheiratet hatte, nach Frankreich. Robert hatte sie als französischen Austauschstudenten in New York kennengelernt, als sie beide für

* Von den Hauptakteuren in *Rendezvous im literarischen Paris* sind nur Kay Boyle und Zelda Fitzgerald in diesem Jahrhundert geboren.

die Literaturzeitschrift *Broom* arbeiteten. Eigentlich hatten sie nur vorgehabt, Roberts Eltern zu besuchen und dann nach New York zurückzukehren, aber dann ergab es sich, daß sie in Europa blieben und sich in der Bretagne niederließen. Boyle reiste gelegentlich nach Paris, wo sie kurze Aufenthalte verlebte. Bei einem ihrer Besuche lernte sie Robert McAlmon kennen, der für sie den Inbegriff des Auswandererlebens in Paris, von dem sie träumte, darstellte. Sie war so aufgeregt, daß sie weglief, als sie einander vorgestellt werden sollten.

Boyles erste fünf Jahre in Frankreich hätten nicht nur den Stoff für mehrere Romane ergeben, sondern sie taten es wirklich. In *Das Schweigen der Nachtigall* beschreibt sie ihre Erlebnisse als junge Amerikanerin, die plötzlich in eine mißbilligende französische Bürgerfamilie verpflanzt wird, und in *Gentlemen, I Address You* schildert sie das Alltagsleben in Le Havre und Harfleur. *Das Jahr davor* handelt davon, daß Boyle zugunsten einer Affäre mit dem an Tuberkulose erkrankten Ernest Walsh, dem Herausgeber der Zeitschrift *This Quarter*, ihren Mann verläßt, Walsh kurz darauf stirbt, Kay das gemeinsame Kind zur Welt bringt, sowie von ihrer komplizierten Beziehung zu Walshs Mentorin und Mitherausgeberin, Ethel Moorhead.

1928 zog Kay Boyle schließlich nach Paris, wo sie den Auftrag erhielt, als Ghostwriter die Memoiren einer ehemaligen Prinzessin zu Papier zu bringen. Sie lernte den Mitherausgeber der Zeitschrift *transition* kennen, und durch ihn die Literaten der Rive gauche: James Joyce, Gertrude Stein, Archibald McLeish, Sylvia Beach. Auch mit McAlmon kam sie erneut zusammen, und es entwickelte sich eine intakte Freundschaft, die bis zu seinem Tode fortdauern sollte.

Und es trat Raymond Duncan, Isadoras Bruder, der mit wallenden griechischen Gewändern, Sandalen und einem Lorbeerkranz angetan durch Paris zu wandeln pflegte, in Kays Leben. Duncan führte außerhalb von Paris eine »Kolonie«, eine experimentelle Gemeinschaft, die angeblich gemäß den Idealen der alten Griechen lebte. Unter anderem besaß die Kolonie ein Geschäft, in dem griechische Stoffe verkauft wurden, die man, wie es hieß, auf Duncans Webstuhl gefertigt hatte.

Die idealistische Kay Boyle schloß sich 1928, angeregt durch

Duncans Vision und durch sein Versprechen, ihr zu helfen, gute Gedichte zu veröffentlichen, der Kolonie an. Es blieb ihr allerdings nicht lange verborgen, daß man die griechischen Stoffe nicht selbst webte, sondern aus Griechenland importierte, und daß das wahre Ziel der Gemeinschaft darin bestand, Raymond Duncan zu verherrlichen und ihm zu materiellem Reichtum zu verhelfen. Als sie versuchte, die Kolonie zu verlassen, nahm man ihre kleine Tochter als Geisel, bis es Robert McAlmon gelang, sie heimlich zu entführen. Anschließend tauchte Kay erst einmal auf dem Landsitz von Harry und Caresse Crosby, Moulin du Soleil, unter. Nachdem sie Duncans Rache nicht länger fürchtete, kehrte sie nach Paris zurück.

Über diese Episode in ihrem Leben schrieb Boyle die Kurzgeschichte *Art Colony*: Eine junge Frau kommt in ihre schäbige Unterkunft in der Kolonie und trifft dort einen Neuankömmling, eine alte Russin, die Obdach sucht. Die Russin läßt ihre Blicke durch die kalten, dreckigen Räume schweifen und berichtet von einem Besuch der Schwester von Sorrel, dem Anführer der Kolonie:

»›Als Sorrel noch die Kolonie in Deutschland hatte, pflegte die Schwester reinzukommen, eine Flasche Whiskey und ein riesiges Beefsteak auf den Tisch zu knallen und zu sagen, zum Teufel, Sorrel, zum Teufel mit deinem Grünzeug! Gib den armen Leuten hier doch zur Abwechslung mal was zu essen! Er stand dann vor ihr und weinte, bis sie mitweinte und ihn wieder beruhigte. Aber trotzdem ließ sie sich nicht daran hindern, sich das Beefsteak braten zu lassen. Ein schönes dickes‹, erzählte die Russin begeistert, ›ganz saftig, und mit Pommes frites dazu. Ich weiß, wie sie sie am liebsten aß. Oft war ich es, die sie ihr schön zubereitete. Über alles liebte sie Sauce Hollandaise; sie aß sie mit einem Löffel. Vorher aß sie gerne Artischocken‹, sagte die Russin, ›und diese großen amerikanischen Oliven.‹«

Die junge Frau kocht der Russin ein Essen, das sie zu neuen Kräften kommen und sich in Wunschträumen von besseren Zeiten ergehen läßt, von denen beide Frauen wissen, daß sie niemals eintreten werden. Die Stimmung in der Geschichte ist kalt und trostlos.

Boyles Erstveröffentlichung, eine Sammlung von Kurzgeschichten, erschien 1929 bei Black Sun Press, dem Verlag der Crosbys. 1930 wurde zum ersten Mal eine ihrer Geschichten im *New Yorker* abgedruckt. Es war der Beginn einer Zusammenarbeit, die Jahrzehnte überdauern sollte. Boyle verfaßte unzählige Romane und

Kurzgeschichten sowie Essays, Gedichte und journalistische Beiträge. Darüber hinaus machte sie Übersetzungen und lehrte viele Jahre lang an der San Francisco State University. Vor ihrem Tod im Jahre 1992 war sie wahrscheinlich die letzte Überlebende der Verlorenen Generation.

Menü für Kay Boyle

Artischocken mit Sauce Hollandaise
Steak
Pommes frites

Gekochte Artischocken:

Schneiden Sie die Stiele von 4 Artischocken ab, entfernen Sie die zähen Außenblätter und stutzen die übrigen mit einer Schere. Geben Sie die Artischocken mit dem Stielende nach unten in einen großen Topf mit kochendem Salzwasser. Lassen Sie sie 30 Minuten beständig köcheln, bis sie so weich sind, daß sich der Stiel mit einem spitzen Messer mühelos anstechen läßt. Lassen Sie sie über einem Tuch abtropfen. Sie können die Artischocken heiß oder kalt anbieten. Als Beilage gibt es Sauce Hollandaise.

Sauce Hollandaise:

Teilen Sie eine Stange Butter in drei Portionen auf. Geben Sie in den unteren Teil eines doppelstöckigen Kochtopfes heißes, nicht aber kochendes Wasser, und in den oberen Teil 4 Eidotter und 1/3 der Butter. Rühren Sie behutsam um, bis die Butter zerlaufen ist, geben das zweite ⅓ hinzu, lassen es ebenfalls zergehen, bevor Sie das letzte ⅓ hinzufügen. Rühren Sie dabei ununterbrochen. Nehmen Sie die obere Etage ab und schlagen mit einem Schneebesen die Mischung ca. 2 Minuten gut durch. Träufeln Sie unter ständigem Rühren 1 EL lauwarmen Zitronensaft oder Weißweinessig in die Soße, würzen mit Pfeffer und Salz und, nach Belieben, einer kleinen Prise Cayennepfeffer nach. Stellen Sie den Aufsatz wieder über das heiße Wasser und rühren weitere 2 Minuten um. Richten Sie die Soße sofort an.

Steak:

Nach einem Rezept des in den zwanziger Jahren berühmten Küchenchefs Pampille, aus seinem zu jener Zeit in Frankreich sehr populären Kochbuch *Les Bons Plats de France*.

Sehen Sie pro Person ½ Pfund Porterhouse-, Hüft- oder Lendensteak vor. Entfernen Sie überschüssige Fettränder, spülen die Steaks unter kaltem Wasser ab und tupfen sie mit Papierhandtüchern trocken. Geben Sie 2 EL Butter in eine schwere Bratpfanne und lassen sie bei mittlerer Hitze zergehen. (Bedenken Sie dabei, daß schon ein einziger Wassertropfen in der Pfanne ein heftiges Zischen und Spritzen verursacht.) Geben Sie ein paar dünngeschnittene Zwiebelscheiben in die Pfanne und dann die Steaks. Braten Sie sie auf jeder Seite 3 bis 4 Minuten an, bis sie so durch sind, wie Sie sie gerne haben möchten. Wenn noch roter Saft heraustritt, ist das Steak »englisch« , also halbgar; möchten Sie es medium oder durchgebraten verzehren, müssen Sie es noch ein wenig braten. Sobald die Steaks fertig sind, geben Sie ½ Tasse Rinderbrühe und 1 EL Weinessig in die Bratpfanne, wenden das Fleisch einmal um, legen es dann auf eine vorgewärmte Platte und garnieren es mit den Zwiebeln. Lassen Sie die Rinderbrühe auf 1 bis 2 EL herunterkochen, die Sie über die Steaks träufeln. Würzen Sie mit Pfeffer und Salz nach.

Pommes frites:

Schälen Sie 4 große Backkartoffeln und schneiden sie zu Stäbchen, die einen guten Zentimeter breit sind, geben sie in eine Schüssel mit kaltem Wasser und lassen sie 10 bis 15 Minuten weichen. Tupfen Sie sie anschließend mit einem Handtuch trocken. Füllen Sie einen tiefen Topf, der 4 bis 5 Liter Kapazität besitzt, zur Hälfte mit Pflanzenöl, das Sie *ganz* langsam so weit erhitzen, daß ein kleines Brotstück in genau 60 Sekunden rundherum anbräunt, wenn Sie es hineingeben. Dann ist das Öl kurz vorm Siedepunkt und hat somit die ideale Temperatur, um Pommes frites zuzubereiten. Geben Sie eine gute Handvoll Kartoffelstäbchen in den Topf. Das Öl wird aufkochen, spritzen, zischen und nach und nach wieder glatt werden. Während dieser Zeit - etwa 2 Minuten - sind die Kartoffelstäbchen gar geworden. Entfernen Sie sie aus dem Drahtkorb, sofern Sie einen verwendet haben; wenn nicht, heben Sie sie mit der Schöpfkelle heraus. Entfernen Sie mit Papiertüchern das überschüssige Öl. Erhitzen Sie erneut das Öl im Topf und geben die nächste Handvoll Kartoffelstäbchen hinein. Lassen Sie die Pommes frites, sobald alle einmal gebraten wurden, 5 Minuten auskühlen, geben sie wiederum portionsweise ins erneut erhitzte Öl, lassen sie 3 Minuten darin, bis sie goldbraun angebraten sind, tupfen sie wieder mit Papierhandtüchern ab und richten sie sofort an.

1930

In den Vereinigten Staaten:

... erhält Sinclair Lewis den Literaturnobelpreis ... erscheint *der 42. Breitengrad* von John Dos Passos, sowie Hart Cranes *The Bridge*, Archibald MacLeishs *New Found Land* und Margaret Andersons *My Thirty Years' War* ...

In Paris:

... betreibt Elmer Rice Feldstudien für sein Theaterstück *The Left Bank* ... kehrt Henry Miller zurück ...

Elmer Rice: Die Rüben in Candides Gemüsegarten

Elmer Rice hatte kaum Harvard Law School abgeschlossen und seine Lizenz als Anwalt bekommen, als er beschloß, doch lieber Bühnenschriftsteller zu werden. So verrückt die Idee auch erscheinen mag - es gelang ihm, sie in die Praxis umzusetzen. Sein erstes Theaterstück, *Ist Robert Parker schuldig?*, feierte am Broadway seine Premiere und wurde sowohl von den Kritikern als auch vom Publikum mit stürmischer Begeisterung aufgenommen. Mit 21 Jahren verkörperte er das schönste aller Clichés: den Menschen, der über Nacht reich und berühmt wird. Sein nächstes Stück, *Die Rechenmaschine*, war ebenfalls ein Erfolg. Unmittelbar nach diesen beiden Volltreffern folgte eine Serie von Flops. In der Hoffnung, daß ihn der Tapetenwechsel zu neuen kreativen Höhenflügen anregen möge, zog Elmer Rice im Jahre 1925 mit seiner Familie nach Paris.

Rice unterschied sich in vielerlei Hinsicht von dem Gros der in Paris lebenden Schriftsteller. Zum einen war er ein finanziell abgesicherter Familienvater, zum zweiten hatte er, im Gegensatz zu den meisten seiner Kollegen, bereits erlebt, was es heißt, beruflich erfolgreich zu sein, und zum dritten gehörte er nicht zu jenen, die das selbsterwählte Exil für die angemessene Reaktion auf das unbefriedigende geistige Klima in den Vereinigten Staaten hielten. Er sah sich noch nicht einmal selbst als Auswanderer an, sondern gab stets an, er sei auf Reisen, was insofern zutraf, als daß er mit seiner Familie von Paris aus nach und nach ganz Frankreich bereiste und später die Schweiz, Großbritannien, Italien, Deutschland und Österreich. Wenn er sich einmal zu Hause befand, arbeitete er an seinem neuen Stück, *Life Is Real.*

Rice besuchte gelegentlich die Pariser Cafés, die gerne von seinen Landsleuten frequentiert wurden, aber er zählte nicht zu den Stammgästen. Er pflegte zwar den Kontakt zu einigen amerikanischen Schriftstellern, wie Dos Passos, e. e. cummings, Hemingway und Sherwood Anderson, aber größtenteils blieb er auf Abstand. Wenn jemand ihm zu Ehren eine Party gab, erschien die ganze Künstlerszene, aber das hatte weiter nichts zu bedeuten, da sie immer dort erschien, wo etwas los war. Samuel Putnam berichtet, daß zu einer Wodkaparty, die für Rice veranstaltet worden war, über hundert Leute kamen und sich alle in die zwei winzigen Zimmer quetschten, obwohl Rice eigentlich überhaupt niemanden kannte. »Ich werde nie vergessen, wie ratlos Mr. Rice aussah, wie er dort an die Wand gedrückt herumstand.«

Nach zwei Jahren kehrte Rice nach New York zurück. Der Wechsel hatte ihm tatsächlich gutgetan: Das Theaterstück *Cock Robin*, das er gemeinsam mit Philip Barry verfaßt hatte, wurde 1928 am Broadway uraufgeführt, 1929 folgte *The Subway*, und noch im selben Jahr wurde ihm für *Straßenszene* der Pulitzerpreis verliehen.

1930 reiste Elmer Rice wieder nach Paris. Er war gerade dabei, *The Left Bank* zu schreiben, das im Quartier Latin spielte. Als Vorbereitung wollte er sich erneut mit dem Montparnasse vertraut machen. Seit seinem ersten Besuch im Jahre 1925, als sich die amerikanische Auswandererszene in ihrer Blütezeit befand, hatte sich so manches verändert. Der Börsenkrach von 1929 hatte die meisten Amerikaner vertrieben, und die, die noch in Paris lebten, waren, allem Augenschein nach, verbittert und verwirrt. Die wilden Jahre waren ein für allemal vorbei. Rice rekapituliert folgendermaßen die Grundaussage von *The Left Bank*:

»... eine Geschichte über die Auswanderer, eine psychologische Studie über Wirklichkeitsflucht und eine Bestätigung der These, daß man seine Probleme nur dadurch lösen kann, daß man sich ihnen stellt.« Er kritisiert die sexuelle Doppelmoral, die Verarmung der amerikanischen Kultur und die überwältigend puritanische, repressive Lebenseinstellung. Er bezeichnet die Vereinigten Staaten als »kulturelles Ödland« , bleibt aber dabei, daß man zur Abwechslung einmal im Lande bleiben und sich täglich wehren solle.

Rices Hauptfiguren in diesem Stück sind John und Claire, ein amerikanisches Ehepaar, das Jahre in billigen Hotelzimmern in Paris verlebt hat. Bereits im ersten Akt beginnt Claire, die Notwendigkeit in Frage zu stellen, der eigenen Heimat fern zu bleiben. John wiederum weigert sich hartnäckig, nach Hause zurückzukehren. Andere Unstimmigkeiten, die sich im Verlauf der Handlung herauskristallisieren, unter anderem Johns neueste flüchtige Affäre, machen es Claire leichter, sich zu dem Entschluß durchzuringen, sich von John scheiden zu lassen und zurück in die Vereinigten Staaten zu ziehen. Dies geschieht im letzten Akt. Sie habe das Exil satt, sagt sie, sie sei es leid, herumzustromern. Sie wolle endlich zu ihren Ursprüngen zurückkehren und bei den Menschen leben, zu denen sie sich zugehörig fühle. John versucht, sie von ihrem Vorhaben abzubringen, aber sie läßt sich nicht erweichen. Ihre Zukunftsvision erinnert an Candide in seinem Garten:

»JOHN: Wir leben im kultiviertesten Land der modernen Welt, und du bezeichnest das als Exil!

CLAIRE: Jawohl, genau das ist es! Wir leben mittendrin, ohne jemals ein Teil davon werden zu können. Wir sind hier fremd und werden es immer bleiben. Und die, die wir kennen, sind auch alle fremd hier. Wir alle spielen am Rande eines Bereichs herum, der uns nie gehören wird, wie kleine, hungrige Kinder, die ihre Nasen an einem Schaufenster plattdrücken und um die vielen leckeren Sachen weinen, die sie nicht anfassen dürfen. Mir reicht's. Ich will nach Hause, ich will in meinem eigenen Garten Rüben hacken.«

Menü für Elmer Rice

Forelle Grenobloise nach Art der Modernisten
Weiße Rüben à la Champenoise
Omelett mit Kirschwasser
Wein

Forelle Grenobloise nach Art der Modernisten:

Die Anregung zu diesem Rezept lieferten die kulinarischen Reminiszenzen des vor kurzem verstorbenen Journalisten A. J. Liebling, der für den *New Yorker* arbeitete und Mitte der zwanziger Jahre - als auch er selbst Mitte zwanzig war - mit seiner Familie in Paris lebte. Als sein wohlhabender Vater 1927 zu Besuch kam, lockte Liebling ihn zu Maillabuau, eines der besten Pariser Restaurants, wo es, unter allerlei Gerichten, auch Forelle Grenobloise gab. Jahre später blickte Liebling auf jenes im Ausland verlebte Jahr zurück: »Wenn ich mein Leben mit einem Kuchen vergleiche, dann war der Aufenthalt in Paris die Schokoladenfüllung. Die übrigen Lagen bestanden aus einfachem Biskuit.«

Die Marinade für die Forelle wird bereits ein oder zwei Tage im voraus zubereitet. Geben Sie folgende Zutaten in einen Kochtopf: jeweils 1 kleingeschnittene Zwiebel, Schalotte, Mohrrübe, Selleriestaude sowie 3 EL Butter. Garen Sie das Gemüse bei niedriger Hitze, bis es weich, nicht aber angebräunt ist. Fügen Sie dann 3 Tassen trockenen Weißwein, 3 Tassen Wasser, 2 TL Zitronensaft, ein »bouquet garni« aus etwas Thymian, Petersilie und einem Lorbeerblatt, 1 EL Salz und ein Dutzend Pfefferkörner hinzu. Lassen Sie die Marinade aufkochen und anschließend 15 bis 20 Minuten kräftig köcheln. Passieren Sie sie durch ein feinmaschiges Sieb und stellen sie zur späteren Verwendung in den Kühlschrank.

Putzen Sie 4 mittelgroße Forellen; entfernen Sie jedoch nicht die Köpfe und die Schwänze. Geben Sie den Fisch in einen Kochtopf, in dem genügend Platz für alle vier vorhanden ist und übergießen sie mit der gekühlten Soße. Bringen Sie die Soße bei mittlerer Hitze bis kurz vor den Siedepunkt und kochen die Forellen darin etwa 12 Minuten, bis sich die Augen weiß verfärbt haben. Gießen Sie sie ab und legen sie auf eine Servierplatte.

Während der Fisch kocht, geben Sie in einen anderen Topf 2 zerkleinerte Schalotten, 1 ½ Tassen trockenen Champagner, eine Prise Salz und gemahlenen Pfeffer. Bringen Sie das Ganze zum Köcheln und geben dann 1 ½ Tassen Sahne und 4 EL Tomatenmark hinein. Lassen Sie die Soße unter gelegentlichem Umrühren weiterköcheln, bis sie zähflüssig wird. Sie sollte dabei nicht aufkochen. Die Soße ist fertig, sobald sie sich verdickt hat. Geben Sie weitere 1 bis 2 EL Champagner hinzu, je nachdem, wie dick Sie die Soße haben möchten, rühren Sie sie kräftig um, gießen sie dann durch ein feinmaschiges Sieb und verteilen sie über die Forellen.

Weiße Rüben à la Champenoise:

Waschen und schälen Sie 1 Kilo weiße Rüben und schneiden sie zu Würfeln. Blanchieren Sie sie etwa 5 Minuten in kochendem Wasser, holen sie wieder heraus und lassen sie gut abtropfen. Lassen Sie das Wasser weiterkochen und geben ¼ Pfund Speckwürfel hinein, die Sie ca. 4 Minuten leicht ankochen, dann abgießen und mit einem Geschirrtuch trockentupfen. Geben Sie den Speck zusammen mit ½ Tasse zerkleinerten Zwiebeln und 1 ½ EL Butter in einen gut verschließbaren Topf und braten ihn goldbraun an. Streuen Sie 1 EL Mehl hinzu und rühren es gründlich ein. Nehmen Sie den Topf vom Herd und geben 1 Tasse Rinderbrühe, eine Prise frischgemahlenen Pfeffer, den Saft von 1 Zitrone und 1 EL frisches Basilikum hinein, stellen den Topf wieder auf die Flamme und bringen den Inhalt zum Köcheln. Mischen Sie die Rüben unter und lassen sie im verschlossenen Topf ca. 30 Minuten garen. Entfernen Sie dann den Deckel und lassen genügend Flüssigkeit verkochen, daß die Soße eine zähflüssige Konsistenz annimmt. Kurz vor dem Auftragen streuen Sie Nelken darüber.

Omelett mit Kirschwasser:

An jenem Abend, als Liebling mit seinem Vater bei Maillabuau war, gab es dort auch Omeletts mit Kirschwasser.

Bereiten Sie die Omeletts einzeln zu. Geben Sie 2 Eier, eine Prise Salz, ½ TL Kirschwasser und 1 ½ EL Sahne in eine kleine Rührschüssel und schlagen die Mixtur mit einer Gabel gut durch. Geben Sie 1 TL ungesalzene Butter in eine französische Omelettpfanne, erhitzen sie bei hoher Flamme und verteilen sie so, daß die Pfanne rundherum eingefettet ist. Gießen Sie die geschlagenen Eier gleichmäßig hinein, bestreuen sie mit etwas geriebener Zitronenschale, trennen sie mit einer Gabel vom Pfannenrand ab und schlagen die Omeletts, sobald sie beginnen, sich zu verfestigen, zweimal um. Legen Sie sie auf eine vorgewärmte Servierplatte, sieben ein wenig Puderzucker darüber und stellen die Platte kurz in den Grill, damit sich der Zucker karamelisiert. Garnieren Sie die Omeletts mit eingelegten Kirschen. Erwärmen Sie zum Schluß 2 EL Kirschwasser, gießen es über die Omeletts und zünden es unmittelbar vor dem Auftragen an.

Weinvorschläge:

Liebling berichtet, daß es zu den Forellen einen Montrachet gab, einen weißen Burgunder, der häufig als der beste trockene Weißwein, den es zu kaufen gibt, bezeichnet wird, und der natürlich entsprechend teuer ist.*

Ersatzweise könnten Sie einen schönen kalifornischen Chardonnay anbieten, passend zum Anlaß, da bei diesem Mahl ja die Rückkehr der Exilanten in die Vereinigten Staaten und das Pflügen der Heimaterde gefeiert werden soll.

* Im ersten Band seiner Memoiren, *20th Century Journey: The Start,* erinnert sich William Shirer, wie er sich einst in einem Lokal namens Rouziers Rotisserie Périgourdine die Weinkarte zu Gemüte führte und unter den Sonderangeboten verschiedene Montrachets entdeckte, die jeweils zwischen zwei und drei Dollar kosten sollten.

Nachwort

So ging die Ära also zu Ende.

Im allgemeinen wird behauptet, daß das Ende der Auswandererepoche dem Börsenkrach zuzuschreiben sei, aber in Wahrheit war die Pariser Szene bereits Jahre vorher dem Untergang geweiht. Angelockt durch die preiswert gewordene Schiffahrt, den günstigen Wechselkurs und die Gerüchte über das lockere Leben der Boheme hatten amerikanische Touristen schon seit 1925 die Rive gauche übervölkert. Bewohner, die schon länger dort lebten, mußten voller Bedauern miterleben, wie die bislang traute und persönliche Atmosphäre der Szenelokale durch die Horden Fremder zerstört wurde, die herbeigelaufen kamen, in der Hoffnung, einen Blick auf Hemingway, Joyce oder Stein erheischen zu können. Die alte Garde verabscheute diesen Wandel und beschwerte sich bitterlich darüber. »Den Montparnasse gibt es nicht mehr«, sagte Djuna Barnes traurig zum Journalisten Wambley Bald, »sondern nur noch einen riesigen Menschenauflauf.«

So zog die Stammbesatzung weiter, neuen Ufern entgegen. Hemingway zog 1928 nach Havanna; obwohl er als Besucher noch sehr häufig nach Paris zurückkehrte, war er derart angewidert von den Mitläufern und den vielen Betrunkenen, die nun dort anzutreffen waren, daß er nie wieder das Bedürfnis verspürte, dort zu leben. Isadora Duncan war bereits verstorben, Harry Crosby und Hart Crane nahmen sich selbst das Leben, George Antheil kehrte nach Hause zurück und ward nicht mehr gesehen, Nina Hamnett ging wieder nach London. Stück für Stück erlosch der Glanz der goldenen Jahre.

Dann kam der Börsenkrach, der zur Folge hatte, daß die Amerikaner nicht länger in der Lage waren, in Paris zu leben, als hätten sie die Stadt gekauft. Einige blieben trotz allem: Robert McAlmon bis in die dreißiger Jahre hinein, Djuna Barnes bis Kriegsbeginn, Natalie Barney und Gertrude Stein bis zu ihrem Tode. Auch Sylvia Beach ging nicht fort, sondern führte bis zur deutschen Invasion weiterhin ihren Buchladen.

Die Jahre zogen ins Land, das Goldene Zeitalter gehörte zunehmend der Vergangenheit an, und die, die mitgemischt hatten, waren inzwischen wesentlich älter geworden und in alle Himmelsrichtungen verstreut. Überraschend viele schrieben ihre Memoiren über jene Zeit, um sie für andere lebendig und begreiflich zu machen und den einen oder anderen vielleicht sogar zu inspirieren. »Wir unterschieden uns nicht wesentlich von unseren Vorgängern,« schreibt Harold Loeb, der Pate stand für Hemingways Romanfigur Robert Cohn aus *Fiesta.* »Mag sein, daß wir ein wenig optimistischer und entsprechend ein wenig leichter zu enttäuschen waren, aber immerhin waren wir eine Generation, die loszog, um Neues zu entdecken, die sich dazu entschlossen hatte, etwas zu riskieren.«

Aber vielleicht war die verlorene Generation ja gar nicht so risikofreudig, wie man immer annimmt. Sie hatte einen Krieg überlebt, war noch immer jung und unversehrt und hatte in jenen Zeiten des scheinbar unbegrenzten wirtschaftlichen Aufschwungs keinerlei Sorgen und Verpflichtungen. Was sprach also *dagegen,* nach Paris zu ziehen, Gedichte zu schreiben, zu malen, sich zu verlieben, zu versuchen, den besten amerikanischen Roman zu verfassen? Warum sollte man nicht das Leben in vollen Zügen genießen, alles auskosten, was es zu bieten hatte, und utopische Ziele anstreben? Wenn man sie auch nicht erreichte, dann sollte es auch genügen, dabeigewesen zu sein, seine Jugend zu genießen und Erinnerungen zu speichern, von denen man im Alter zehren konnte.

Harold Stearns, der es so gut wie jeder andere verstanden hatte, seine jungen Jahre auf haarsträubende Weise in Paris zu verplempern, faßt den Sinn des Ganzen wohl am treffendsten zusammen, indem er schreibt:

»Es war eine nutzlose, alberne Zeit, und seitdem sie vorbei ist, vermisse ich sie täglich.«

Bildnachweise

Seite 18:
Gäste im Café Le Dôme,
Archiv für Kunst und Geschichte, Berlin

Seite 22:
Pablo Picasso, Paris 1932
Archiv für Kunst und Geschichte, Berlin

Seite 48:
Sylvia Beach und James Joyce um 1922 im Eingang von »Shakespeare and Company«, rue de l'Odéon
Sylvia Beach Papers, Manuscript Division, Department of Rare Books and Special Collections, Princeton University Library

Seite 69:
Sylvia Beach, Hemingway und zwei Bekannte im März 1928 vor »Shakespeare and Company« in der rue de l'Odéon 12
Sylvia Beach Papers, Manuscript Division, Department of Rare Books and Special Collections, Princeton University Library

Seite 80:
James Joyce mit Ezra Pound, Ford Madox Ford und John Quinn im Studio von Pound 1924 in Paris
Archiv für Kunst und Geschichte, Berlin

Seite 86:
Ein Festessen in Paris.
Archiv Billy Klüver und Julie Martin, New Jersey

Seite 100:
Die amerikanische Schriftstellerin Natalie Clifford Barney im Salon ihres Hauses am Square Furstemberg
Harlingue-Viollet, Paris

Seite 107:
Ernest Hemingway beim Stierkampf in Pamplona, 1927
Archiv für Kunst und Geschichte, Berlin

Seite 112:
Jimmie the Barman vor dem Café Dingo, 1925
Archiv Billy Klüver und Julie Martin, New Jersey

Seite 138:
Josephine Baker, 1925
Archiv für Kunst und Geschichte, Berlin

Seite 176:
Festessen in Paris auf dem Montparnasse am 1. März 1929.
Archiv Billy Klüver und Julie Martin, New Jersey

Seite 205:
F. Scott Fitzgerald mit Ehefrau Zelda und Tochter Scotty, Paris 1925
Archiv Billy Klüver und Julie Martin, New Jersey

Register

Quellenverzeichnis

Acosta, Mercedes
Here Lies the Heart, New York, 1960
Allan, Tony
Americans in Paris, Chicago, 1977
Allhusen, Dorothy
A Medley of Recipes, London, 1936
Anderson, Margaret
My Thirty Years' War, New York, 1930
Antheil, Georges
Enfant terrible der Musik, München, 1960
Baker, Carlos
Ernest Hemingway - Die Geschichte eines abenteuerlichen Lebens, München/Wien/Zürich, 1971
Baker, Josephine mit Bouillon, Jo
Ausgerechnet Bananen, Bern/München, 1976
Bald, Wambly
On the Left Bank, 1929-1933, Benjamin Franklin (Hrsg.) Athens, 1987
Barnes, Djuna
Ladies Almanach, Frankfurt am Main, 1990
Nachtgewächs, Frankfurt am Main, 1971
Ryder, Frankfurt am Main, 1986
Beach, Sylvia
Treffpunkt - Ein Buchladen in Paris, Frankfurt am Main, 1982
Biddle, George
An American Artist's Story, Boston, 1939
Boardman, Bess (Hrsg.)
Sincerely Yours: A Collection of Favorite Recipes of Well-Known Persons, San Francisco, 1942
Boylan, James
The World and the Twenties, New York, 1973
Boyle, Kay und McAlmon, Robert
Being Geniuses Together, London, 1938; New York, 1968
Bricktop mit Haskins, James
Bricktop, New York, 1983

Brown, Milton W.
The Story of the Armory Show, Washington, D. C., 1963
Bryher
The Heart to Artemis: A Writer's Memoir, New York, 1962
Callaghan, Morley
That Summer in Paris, New York, 1963
Carpenter, Humphrey
Geniuses Together, London, 1987
Chalon, Jean
Porträt einer Verführerin: Natalie Barney, München, 1977
Charters, James
This Must Be the Place: Memoirs of Montparnasse.
Herausgegeben von Morrill Cody, mit einem Vorwort von
Ernest Hemingway. London, 1934; New York, 1989
Cody, Morrill und Ford, Hugh
The Women of Montparnasse, New York, 1984
Cowley, Malcolm
Fitzgerald and the Jazz Age, New York, 1966
Exile's Return, New York, 1951
A Second Flowering, New York, 1973
Crane, Hart
The Letters of Hart Crane, Berkeley/Los Angeles, 1965
Crosby, Caresse
The Passionate Years, Carbondale, 1968
Crosby, Harry
Shadows of the Sun: The Diaries of Harry Crosby, Santa Barbara, 1977
Curnonsky und Rouff, Marcel
The Yellow Guides for Epicures: Paris, New York, 1926
Donnelly, Honoria Murphy mit Billings, Richard N.
Sara & Gerald, New York, 1982
Dos Passos, John
The Fourteenth Chronicle: Letters and Diaries of John Dos Passos, Boston, 1973
Die schönen Zeiten, Reinbek, 1969
Duncan, Isadora
Memoiren, Zürich/Leipzig/Wien, 1928, 1969
Field, Andrew
Djuna Barnes - Eine Biographie, Frankfurt am Main, 1992

Fitch, Noel Riley
Sylvia Beach: Eine Biographie im literarischen Paris 1920-1940,
Frankfurt am Main, 1988
Fitzgerald, F. Scott
The Letters of F. Scott Fitzgerald, Andrew Turnbull (Hrsg.), New York, 1963
Zärtlich ist die Nacht, Berlin, 1952, 1968
Fitzgerald, Zelda
Schenk mir den Walzer, 1984
Flanner, Janet
Paris Was Yesterday, New York, 1972
Ford, Ford Madox
It Was the Nightingale, Philadelphia, 1933
Ford, Hugh
Four Lives in Paris, San Francisco, 1987
The Left Bank Revisited: Selections from the Paris Tribune
1917 - 1934 Published in Paris, New York, 1975
Glassco, John
Memoirs of Montparnasse, New York, 1970
Hamnett, Nina
Laughing Torso, New York, 1932
Handbook for Paris and Environs, London, 1926
Hemingway, Ernest
Fiesta, Reinbek, 1980
Paris - Ein Fest fürs Leben, Reinbek, 1981
Hotchner, A. E.
Papa Hemingway und seine Welt, München, 1966,
Hemingway und seine Welt, München, 1990
Huddleston, Sisley
Back to Montparnasse: Glimpses of Broadway in Bohemia, Philadelphia, 1931
Paris Salons, Cafés, Studios ; *Being Social, Artistic and Literary Memories*,
Philadelphia, 1928
Hughes, Langston
Ich werfe meine Netze aus, München, 1963
Imbs, Bravig
Confessions of Another Young Man, New York, 1936
Josephson, Matthew
Life Among the Surrealists, New York, 1962

Klüver, Billy und Martin, Julie
Kikis Paris, Köln
Kohner, Frederick
Kiki von Montparnasse, Frankfurt am Main/Berlin/Wien, 1992
Liebling, A. J.
Between Meals: An Appetite for Paris, San Francisco, 1986
Loeb, Harold
The Way It Was, New York, 1959
Longstreet, Stephen
We All Went to Paris: Americans in the City of Light, 1776-1971,
New York, 1972
MacLeish, Archibald
New & Collected Poems, 1917-1976, Boston, 1976
Mellow, James R.
Charmed Circle: Gertrude Stein & Company, New York, 1974
Milford, Nancy
Zelda, München, 1975; München, 1987
Mizener, Arthur
The Far Side of Paradise: A Biography of F. Scott Fitzgerald, Boston, 1965
Monnier, Adrienne
The Very Rich Hours of Adrienne Monnier. An Intimate Portrait of the Literary and Artistic Life in Paris Between the Wars. Aus dem Französischen von Richard McDougall, London, 1986
Museum of Modern Art
Four Americans in Paris: The Collections of Gertrude Stein and Her Family,
New York, 1970
Newman, E. M.
Seeing Paris, New York, 1931
Olivier, Fernande
Neun Jahre mit Picasso, Zürich, 1957
Porter, Cole
The Complete Lyrics of Cole Porter, Robert Kimball (Hrsg.),
New York, 1983
Potts, Willard
Portraits of the Artists in Exile, Seattle, 1979
Prin, Alice (Kiki)
The Education of a French Model, New York, 1950

Putnam, Samuel

Paris Was Our Mistress : Memoirs of a Lost and Found Generation, New York, 1947

Ray, Man

Eine illustrierte Autobiographie, München, 1982

Reboul, J. B.

La Cuisinière Provençale, Marseille, 1887

Rice, Elmer

The Left Bank, New York, 1931

Rogers, W. G.

When This You See Remember Me : Gertrude Stein in Person, New York, 1973

Rood, Karen L. (Hrsg.)

American Writers in Paris, 1920-1939, Detroit, 1980

Rubin, William

The Paintings of Gerald Murphy (Katalog); New York, 1964

Scudder, Janet

Modeling My Life, New York, 1925

Seldes, George

Witness to a Century, New York, 1987

Shirer, William

20th Century Journey: The Start, 1904-1930, New York, 1976

Slocombe, George

Paris in Profile, Boston, 1929

Stearns, Harold

The Confessions of a Harvard Man, New York, 1935

Civilization in the United States, New York, 1922

Stein, Gertrude

Die Autobiographie von Alice B. Toklas, Zürich, 1955, 1968

The Making of Americans - Geschichte vom Werdegang einer Familie, Klagenfurt, 1989

Paris, Frankreich, Frankfurt am Main, 1975

Picasso, Zürich, 1958

Street, Julian

Where Paris Dines, Garden City, New York, 1929

Thomson, Virgil

Virgil Thomson, New York, 1966

Toklas, Alice B.
Das Alice B. Toklas Kochbuch, Berlin, 1994
What Is Remembered, New York, 1963
Tomkins, Calvin
Living Well Is the Best Revenge, New York, 1971
Toulouse-Lautrec, Henri und Joyant, Maurice
Die Kunst des Kochens, Weinsberg, 1986
Turnbull, Andrew
Scott Fitzgerald, New York, 1962
Washboat Days, New York, 1972
Wickes, George
The Amazon of Letters: The Life and Loves of Natalie Barney, New York, 1976
Americans in Paris, 1903-1939, New York, 1969
Williams, William Carlos
William Carlos Williams: Die Autobiographie, München, 1994
Wilson, Robert
Paris on Parade, New York, 1925
Wiser, William
The Crazy Years : Paris in the Twenties, New York, 1983
Wolff, Geoffrey
Black Sun: The Brief Transit and Violent Eclipse of Harry Crosby, New York, 1976
Woon, Basil
The Paris That's Not in the Guide Books, New York, 1926

Verzeichnis der Rezepte

Simone de Beauvoir

Simone de Beauvor
Die Mandarins von Paris
Roman
(rororo 761)
Ein Schlüsselroman des intellektuellen Lebens im Paris der dreißiger und vierziger Jahre, in dessen Figuren wir Arthur Koestler, Jean-Paul Sartre, Albert Camus und Simone de Beauvoir selbst zu erkennen glauben – ein europäisches Zeitdokument voll immenser erzählerischer Kraft und schockierender Wahrheiten. Ausgezeichnet mit dem Prix Goncourt, der höchsten literarischen Ehrung Frankreichs.

Sie kam und blieb *Roman*
(rororo 1310)

Das Blut der anderen *Roman*
(rororo 545)
Simone de Beauvoir erzählt mit dramatischer Spannung über die Zeit der Résistance, in der die junge Intelligenz Frankreichs das Bewußtsein der Verantwortung für die anderen gewann.

Eine gebrochene Frau
(rororo 1489)
«Ich habe in diesem Buch drei Frauen sprechen lassen, die sich aus ausweglosen Situationen mit Worten zu befreien versuchten.»
Simone de Beauvoir

Alle Menschen sind sterblich
Roman
(rororo 1302)
Ein tiefgründig-phantasievoller, kulturgeschichtlich-farbiger und in seinen menschlichen Konflikten beeindruckender Roman.

Romane und Erzählungen

Marcelle, Chantal, Lisa...
(rororo neue frau 4755)
Ihr «Gesellenstück» nannte Simone de Beauvoir den Roman über fünf Töchter aus gutem Hause – ihr erstes erzählerisches Werk, das sie jahrzehntelang unveröffentlicht aufbewahrte.

Die Welt der schönen Bilder
Roman
(rororo 1433)
Mit Schärfe und Ironie erzählt Simone de Beauvoir von der Gesellschaft der Neureichen, in der Gefühle zu Werbespots werden.

Ein sanfter Tod
(rororo 1016)
Mit äußerster Genauigkeit schildert Simone de Beauvoir das Sterben ihrer Mutter – und legt sich selbst Rechenschaft ab über ihr Verhältnis zu Leben und Tod.

Mißverständnisse an der Moskwa *Eine Erzählung*
(rororo 13597)
Bisher unveröffentlichte Erzählung aus dem Nachlaß Simone de Beauvoirs.